SUZUKI
RGV
MOTUL
Telefonica
MoviStar
Arai

SOMMAIRE

l'année de la moto 2000

PHILIPPE MICHEL

calmann-lévy

SPYKE
SPYKE
DIESEL
FOR SUCCESSFUL LIVING
Netics
RIVACOLD
omsud
aprilia

125

La catégorie 125, une fois encore, a été le théâtre de ces luttes épiques qui donnent tout leur intérêt aux courses de vitesse. Marquée une fois encore par le duel italo-japonais, la catégorie a bien failli échoir à cette nouvelle venue bourrée de talent qu'est l'écurie espagnole Derbi. Victoire, côté humain, de Roberto Locatelli, qui a su faire une fin de saison retentissante et montrer, à maintes reprises, d'incontestables qualités d'attaquant. Il triomphe finalement de Youichi Ui et de son surprenant Derbi, qui firent même, un instant, figure de très possibles champions du monde. Côté mécanique, l'usine Honda enlève en fin de compte le titre constructeurs pour cinq petits points seulement à l'issue d'un long duel échevelé avec l'usine italienne Aprilia, l'ennemie de toujours. Les pilotes français, malgré une très belle victoire en début de saison pour Arnaud Vincent, sont sans doute passés à côté de leur saison. Trop de problèmes mécaniques pour Vincent et trop de contre-performances pour De Puniet qui ne lui permettent pas de s'affirmer comme il le mérite.

250

DUNLOP
PlayStation
YAMAHA
DUNLOP
DUNLOP
KAYABA
DID
Vistra

Incroyable saison en 250 avec un suspense exceptionnel qui devait durer jusqu'à l'ultime seconde. C'est sur la ligne d'arrivée même du dernier Grand Prix, en Australie, qu'Olivier Jacque s'est finalement attribué le titre mondial après une course parfaite d'intelligence et de sang-froid qui lui permet de battre sur le fil son camarade d'écurie Shinya Nakano. Les deux hommes de l'écurie Tech 3 ont d'ailleurs nettement dominé une saison qui vaut à Yamaha un formidable doublé au classement des constructeurs. Un grand bravo à l'écurie française une fois encore à la hauteur d'une réputation parfaitement justifiée. En ce qui concerne l'aspect technique, et même si Yamaha signe un fort beau doublé, on remarque que les Honda ont bien progressé en vitesse de pointe, que les Yamaha disposent d'un châssis étonnant et que les Aprilia italiennes n'affichent plus la supériorité insolente qui était la leur l'an dernier. Voilà qui promet pour la saison prochaine…

500

MICHELIN
SPYKE
Telefonica
MoviStar
SUZUKI
MOTUL
MICHELIN
D.I.D
NGK
2D
brembo

C'est donc Kenny Roberts qui ajoute son nom, vingt-deux ans après celui de son illustre père, sur les tablettes officielles de la Fédération internationale. Ce titre est celui du travail, pour faire évoluer une Suzuki qui n'est pas sans défaut, et de la régularité. On note aussi que huit pilotes différents ont remporté un Grand Prix cette année avec quelques révélations, comme l'étonnant Garry McCoy, roi de la glisse contrôlée, ou celle de Valentino Rossi, très vite à l'aise dans la catégorie reine. Mais est-ce réellement une révélation ? On note aussi, pour certains, une saison en demi-teinte plutôt décevante : celle du champion sortant Alex Criville par exemple, qui devait accumuler les chutes et les places modestes puisqu'il se contente d'une seule victoire sur le circuit du Mans, ou encore celle de Régis Laconi, pourtant plus régulier que jamais, qui n'a pas réussi l'exploit que l'on attendait de lui. Notons enfin que c'est l'usine Yamaha qui s'adjuge, avec sept points d'avance sur Honda, le titre mondial des constructeurs.

GP d'AFRIQUE du SUD

Premier Grand Prix de la saison en Afrique du Sud, sur le tracé de Phakisa, avec deux victoires relativement surprenantes, puisque Arnaud Vincent remporte l'épreuve en 125 et l'étonnant Garry McCoy, sacré ici « roi de la glisse », en 500. En 250, les pilotes japonais font un véritable triomphe en monopolisant les trois premières places. C'est le plus français d'entre eux, Shinya Nakano, qui gagne la première course de l'année. Olivier Jacque, son coéquipier chez Tech 3, semble débuter sa saison un tout petit ton en dessous, à la quatrième place.

500
Holiday on ice

Il vient directement de la 125, il est petit, discret et presque effacé dans cette catégorie 500 riche en fortes personnalités. Il s'appelle Garry McCoy et fait partie de l'écurie Red Bull Yamaha avec Régis Laconi. Aux essais, malgré un neuvième temps assez peu significatif, il a toutefois surpris quelques observateurs attentifs. Sa Yamaha, contrairement à celle de Régis, paraît atteinte de la danse de Saint-Guy. Elle glisse, elle dérape, elle raccroche et semble à tout instant susceptible d'éjecter son pilote. Mais jusqu'ici... « Dès nos premiers essais en Malaisie, dit Peter Clifford, le team manager de Red Bull, nous avons opté pour le 16,5 pouces à l'arrière. Nous nous sommes vite rendu compte que c'était le pneu qui convenait le plus au style de Garry. On nous a dit que ce style n'était pas efficace, mais nous n'avons pas cherché à changer Garry. Du moment que cela marche pour lui... »

Pour la course, c'est Kenny Roberts qui nous refait le coup de l'an dernier. Il file en tête devant Checa et Capirossi, bien décidé à marquer son retour à la catégorie 500. McCoy, lui, a fait un départ aussi discret que lui-même et il peine à se sortir du paquet. Mais les observateurs de la veille ne sont pas longs à prendre le coude de leurs petits camarades : « Tu as vu ? Je te l'avais dit... Il glisse de partout et il ne tombe pas ! Mais comment il fait ? » Et c'est effectivement la question que tout le monde se pose. Car le petit Australien commence à revenir sur les hommes de tête d'une façon assez peu orthodoxe. Dans chaque courbe, à chaque accélération, la moto bleu marine s'offre des embardées incroyables à ce niveau. Et contre toute attente, l'Australien paraît parfaitement contrôler le phénomène et

500 CLASSEMENT DU GP D'AFRIQUE DU SUD

Tour le plus rapide :
V. Rossi (Ita, Honda V4), 1'36"933 (157,543 km/h).

1	**Garry McCoy**	Aus	Yamaha		45'38"775 (156,125 km/h)
2	Carlos Checa	Esp	Yamaha	à	0, 366
3	Loris Capirossi	Ita	Honda	à	1, 590
4	Alex Barros	Bré	Honda	à	9, 745
5	Alex Criville	Esp	Honda	à	10, 253
6	Kenny Roberts	É-U	Suzuki	à	15, 853
7	Norick Abe	Jap	Yamaha	à	24, 228
8	Nobuatsu Aoki	Jap	Suzuki	à	26, 719
9	Régis Laconi	Fra	Yamaha	à	36, 231
10	J. VD Goorbergh	P-B	Honda	à	37, 613

Le circuit de Phakisa (« grouillez-vous », en Sotho) a été construit en un temps record.

revient sur des gens comme Criville – champion du monde en titre –, son copain Okada, Capirossi, Roberts, qui a dû baisser la cadence, et enfin Carlos Checa, qui occupe, très provisoirement, la tête de la course. Car « the little Aussie », comme le surnomment gentiment nos confrères britanniques, va irrémédiablement passer l'Espagnol pour s'installer à une première place que personne ne pourra lui contester. Son style, sa méthode, à Phakisa, ont tout simplement ébahi tout le monde. Pour leur côté spectaculaire, d'abord, et par leur évidente efficacité ensuite, puisque Checa et Capirossi, dans cet ordre, seront battus. Criville et Roberts finissent en cinquième et sixième positions, et bon nombre des «vedettes» de la 500 ne marquent rien en Afrique du Sud. Abandon pour Biaggi, casse pour Harada, chutes pour Gibernau, Okada et Valentino Rossi, qui commence en demi-teinte sa première saison dans la catégorie reine... Régis Laconi, «le» Français en 500, termine en neuvième position. «Il ne fallait pas, dit-il, prendre de risques ici. La victoire de Garry prouve que l'équipe a bien travaillé cet hiver. Après quelques Grands Prix, lorsque j'aurai rattrapé le retard que j'ai pris cet hiver en ratant les essais, je serai au niveau des autres.»

Excellent début de saison pour Carlos Checa. L'Espagnol aura du mal à confirmer par la suite.

Loris Capirossi mène ici devant Roberts et Okada. L'Italien terminera en troisième position.

Victoire surprise pour McCoy à Phakisa. Son style particulier fait le bonheur du public...

250
les Japonais commencent bien

Shinya Nakano termine de justesse devant Daijiro Katoh et Tohru Ukawa. Les Japonais attaquent fort...

Nakano, Ukawa, Katoh aux essais; Nakano, Katoh, Ukawa à la fin de la course. Non, vous ne rêvez pas : il s'agit bien du Championnat du monde et non pas, comme on pourrait le croire, du championnat national de l'empire du Soleil-Levant. Tout cela pour dire que ce premier Grand Prix, chez les deux et demie, n'a pas échappé aux pilotes japonais, qui pourraient bien, cette saison, faire un véritable carton dans la catégorie. Shinya Nakano, le plus rapide aux essais, prend immédiatement le commandement et largue sans rémission tous ceux qui pensaient ici avoir leur mot à dire. Au cinquième tour, le gentil Jap de chez Tech 3 compte cinq secondes d'avance sur ses deux compatriotes, qui se battent comme des fous, et plus de dix secondes sur le quatrième, Anthony West !

Notre chance à nous, Français, c'est Olivier Jacque, qui ne réussit pas un départ d'anthologie et doit longuement bagarrer avec les Aprilia de Battaini et de Waldmann, et, surtout, avec la Honda d'Anthony West pour accrocher en fin de compte une quatrième place relativement décevante. « Honnêtement, dit-il, je ne pouvais pas gagner aujourd'hui. Nous avons eu des problèmes pendant la dernière séance d'essais qui nous ont retardés dans la mise au point. J'ai fait une course sage, j'ai marqué des points utiles pour une saison très longue qui ne fait que commencer. » Olivier, de toute évidence, n'a d'autre ambition cette année que le titre mondial. Mais il semble bien, au vu de ce premier Grand Prix sud-africain, qu'il va devoir compter avec ces quelques pilotes nippons qui se sont montrés, pour l'ouverture de la saison 2000, un petit ton au-dessus... ●

250 CLASSEMENT DU GP D'AFRIQUE DU SUD

Tour le plus rapide : D. Katoh (Jap, Honda), 1'37"440 (156,724 km/h). Nouveau record.

1	**Shinya Nakano**	Jap	Yamaha		42'34"085 (155,457 km/h)
2	Daijiro Katoh	Jap	Honda	à	0, 875
3	Tohru Ukawa	Jap	Honda	à	13, 813
4	Olivier Jacque	Fra	Yamaha	à	30, 687
5	Anthony West	Aus	Honda	à	47, 621
6	Franco Battaini	Ita	Aprilia	à	47, 705
7	Ralf Waldmann	All	Aprilia	à	58, 221
8	Sebastian Porto	Arg	Yamaha	à	1'02" 190
9	Jason Vincent	R-U	Aprilia	à	1'07" 732
10	Noaki Matsudo	Jap	Yamaha	à	1'09" 269

place. Tout cela va durer jusqu'à la mi-course. Quand Arnaud prend le commandement avec une facilité déconcertante, il est très vite manifeste qu'il est ce jour-là le plus fort. Jusqu'au drapeau à damier, le Français va formidablement contrôler la course et reléguer ses rivaux au rang de simples figurants. « Malgré ma deuxième ligne, dit-il, j'étais serein avant la course. J'ai roulé tout seul pendant les essais. Je préfère être seul et comprendre pourquoi je vais vite. Cet hiver, j'ai beaucoup réfléchi aux erreurs que j'ai pu faire l'an passé… » Arnaud Vincent passera la ligne d'arrivée avec deux secondes d'avance sur Giansanti, Alzamora et Locatelli, les uns derrière les autres. Une course, à la réflexion, maîtrisée de bout en bout et qui permet les espoirs les plus fous : quand on en gagne une comme cela, on peut toutes les remporter…

Divine surprise avec la victoire éclatante d'Arnaud Vincent pour le premier Grand Prix 125 de la saison.

125

une Marseillaise *pour débuter…*

C'est Roberto Locatelli, cette année plus que jamais soutenu par l'usine Aprilia, qui signe pour commencer cette saison le meilleur temps aux essais. Il s'est pris une bonne gamelle pour arriver à ce résultat, mais son moral reste intact : les jeunes Italiens, quand ils sont un peu doués, ne doutent vraiment de rien. Arnaud Vincent, qui va terminer cette première course de l'année de la plus belle manière, se contente pour sa part de la deuxième ligne. Une relative prudence au départ lui permet de rester à distance raisonnable d'un Gianluigi Scalvini étonnant d'efficacité. Mais pour Arnaud tout va bien : sa moto est au mieux de sa forme et après quelques instants en tête, il peut se permettre de laisser les autres s'amuser. Ils s'appellent Giansanti, Locatelli ou Ueda et se disputent comme des chiffonniers pour la première

125 CLASSEMENT DU GP D'AFRIQUE DU SUD

Tour le plus rapide :
A. Vincent (Fra, Aprilia), 1'42"782 (148,578 km/h).

1	**Arnaud Vincent**	Fra	Aprilia		41'35"310 (146,879 km/h)
2	Mirko Giansanti	Ita	Honda	à	1, 937
3	Emilio Alzamora	Esp	Honda	à	2, 057
4	Roberto Locatelli	Ita	Aprilia	à	2, 362
5	Noburu Ueda	Jap	Honda	à	4, 566
6	Steve Jenkner	All	Honda	à	11, 073
7	Gianluigi Scalvini	Ita	Aprilia	à	11, 187
8	Ivan Goi	Ita	Honda	à	11, 504
9	Masao Azuma	Jap	Honda	à	37, 723
10	Gino Borsoi	Ita	Aprilia	à	39, 819

GP de MALAISIE

Premier doublé de la saison, en Malaisie, pour les Yamaha officielles de l'écurie française d'Hervé Poncharal et confirmation éclatante de Shinya Nakano, qui signe sa deuxième victoire consécutive, cette fois devant son camarade d'écurie, Olivier Jacque. Dans la petite classe, c'est la Derbi de Youichi Ui qui frôle l'exploit et ne s'incline qu'en dernier ressort derrière Locatelli, auteur d'une formidable fin de course. En 500, comme l'année dernière sur le même tracé de Sepang, Kenny Roberts remporte sa première victoire de l'année à l'issue d'une course interrompue par la pluie.

500 Roberts avant la limite

Favori manifeste dans l'esprit de nombreux observateurs, Kenny Roberts entend bien réussir pleinement son Grand Prix de Malaisie. Vainqueur ici même l'an dernier, l'Américain est persuadé que les pneus joueront à Sepang un rôle encore plus important qu'à l'habitude. Pendant les essais, et alors que ses principaux adversaires s'ingénient à décrocher cette pole position toujours synonyme de publicité gratuite, Kenny essaie inlassablement les réglages susceptibles de faire économiser la gomme. Avec l'aide des techniciens de chez Michelin, le pilote Suzuki cherche séance après séance la meilleure solution. Et parfois, reconnaissons-le, il trouve.

Le début de la course, pour lui, sera marqué par une prudence salutaire puisqu'il passe à travers les différents incidents qui devaient émailler les premiers tours de l'épreuve. Car il fait chaud en Malaisie. Tout autant sur la piste que sous les casques des cracks de la catégorie reine. Et quand le feu vert libère enfin les motos, certains ont du mal à maîtriser leur formidable envie de gagner. Loris Capirossi, par exemple, qui bascule sa NSR beaucoup trop sèchement et part dans une longue glissade qui le met définitivement hors course. Mais au passage, sa moto vient faucher l'autre NSR, celle d'Alex Criville, qui doit aussi abandonner après quelques secondes de course. À peine plus tard, Norick Abe fait à son tour connais-

Alex Barros devant Gibernau, Laconi et Aoki : il terminera en huitième position mais commence la plus belle saison de sa carrière.

500 CLASSEMENT DU GP DE MALAISIE

Tour le plus rapide : K. Roberts (É-U, Suzuki), 2'06"839 (157,465 km/h).

1	**Kenny Roberts**	É-U	Suzuki		31'58"102 (156,191 km/h)
2	Carlos Checa	Esp	Yamaha	à	1, 870
3	Garry McCoy	Aus	Yamaha	à	7, 190
4	Max Biaggi	Ita	Yamaha	à	13, 202
5	Nobuatsu Aoki	Jap	Suzuki	à	22, 214
6	Tadayuki Okada	Jap	Honda	à	22, 858
7	Sete Gibernau	Esp	Honda	à	25, 081
8	Alex Barros	Bré	Honda	à	25, 229
9	Régis Laconi	Fra	Yamaha	à	25, 522
10	Jeremy McWilliams	Gbr	Aprilia	à	35, 874

(*) Course arrêtée au seizième des vingt et un tours en raison de la pluie. Le classement pris en compte est celui du passage précédent.

sance avec le bitume de Sepang et enfin Valentino Rossi est victime lui aussi de sa fougue juvénile en se bagarrant avec la Yamaha de McCoy. Carlos Checa prend un moment la tête, tandis que Garry McCoy continue ses glissades insensées qui lui permettent de rester dans la roue de l'Espagnol. Kenny Roberts, lui, prend son temps pour revenir et doubler sans rémission Garry McCoy au cinquième tour, puis Carlos Checa au huitième.

Sans réellement prendre le large, l'Américain s'installe à la première place devant Checa. C'est alors dans le duel pour la troisième place que le spectacle s'avère un instant le plus passionnant. Deux hommes, deux styles : Max Biaggi, hyperclassique, aligne les trajectoires parfaites sans commettre la moindre erreur. McCoy, tout au contraire, donne à chaque courbe l'impression d'être totalement en catastrophe. Freinages à la limite, accélérations brutales et roue arrière qui semble balayer largement la piste. Pourtant, le petit Australien prendra incontestablement le meilleur sur le pilote italien et s'adjugera sans aucun doute possible la troisième marche du podium. Car la course s'arrête soudainement au seizième tour avec les premières gouttes de pluie d'un orage que tout le monde pressent impressionnant. Kenny Roberts, le premier, lève la main et incite ainsi le directeur de course à arrêter l'épreuve. Les trois quarts de la distance ayant été parcourus, le résultat est entériné et c'est l'ordre du tour précédent, le quinzième, qui constituera le classement définitif de ce Grand Prix de Malaisie. Roberts compte moins de deux secondes d'avance sur Checa, sept sur McCoy et un peu plus de treize sur Biaggi. Au classement provisoire, et personne n'aurait pu envisager pareil scénario au début de la saison, c'est Garry McCoy qui est en tête. Il possède un petit point d'avance sur Checa, six sur Kenny Roberts, et quelques favoris accusent déjà un retard certain. Biaggi, à la huitième place, ne compte que 13 points, c'est-à-dire deux de plus que le champion sortant, Alex Criville.

Kenny Roberts va remporter son premier Grand Prix à l'issue d'une course interrompue par la pluie au seizième tour.

250
tout va bien chez Tech 3

Au soir du Grand Prix de Malaisie, Hervé Poncharal affichait le sourire béat des gens comblés : « Je n'en reviens pas… C'est la première fois que nous faisons le doublé. Et pour Yamaha, il faut remonter au 8 avril 1990,

au Grand Prix d'Espagne, avec Kocinski et Cadalora ! Tout s'est formidablement bien passé. Et comme nos motos ne sont pas les plus rapides, cela prouve que nous avons travaillé dans le bon sens. Je sais bien que la saison ne fait que commencer et que tout peut être remis en question dès demain. Mais sur les 90 points que nous pouvions marquer depuis le début de la saison, nous en totalisons 83 ! Je suis content, vraiment content, mais je crois qu'il va me falloir un peu de temps pour bien réaliser. »

Malgré une petite frayeur aux essais – chute sans gravité pour Nakano –, l'écurie française a réalisé à Sepang une course parfaite. Dès les premiers tours, poussé par une pression évidente, Tohru Ukawa se retrouve par terre, et Nakano peut filer en tête. Personne, par la suite, ne sera en mesure de venir l'inquiéter. Olivier, lui, va perdre un peu de

250 CLASSEMENT DU GP DE MALAISIE

Tour le plus rapide : S. Nakano (Jap, Yamaha), 2'09"116 (154,688 km/h).

1	**Shinya Nakano**	Jap	Yamaha		43'20"928 (153,582 km/h)
2	Olivier Jacque	Fra	Yamaha	à	4, 042
3	Daijiro Katoh	Jap	Honda	à	6, 270
4	Ralf Waldmann	All	Aprilia	à	17, 172
5	Marco Melandri	Ita	Aprilia	à	41, 679
6	Anthony West	Aus	Honda	à	43, 577
7	Luca Boscoscuro	Ita	Aprilia	à	46, 589
8	Sebastian Porto	Arg	Yamaha	à	50, 730
9	Alex Debon	Esp	Aprilia	à	57, 955
10	Alex Hofmann	All	Aprilia	à	58, 477

temps avec Katoh au guidon d'une Honda incontestablement plus rapide que la Yamaha. Mais la motricité de la moto grise fait merveille dans les parties sinueuses, et l'attaque du pilote lui permet de se débarrasser du troisième Japonais de la catégorie. Bon deuxième, Oliver n'a plus en point de mire que son coéquipier, qu'il ne cherche d'ailleurs pas à rejoindre à tout prix : la saison est longue et les erreurs coûtent cher… Derrière Katoh, mais à plus de dix-sept secondes du vainqueur, Ralf Waldmann place la meilleure des Aprilia. Marco Melandri, qui occupe en principe chez le constructeur italien la place laissée libre par Valentino Rossi, termine en cinquième position, mais avec un écart assez inquiétant de plus de quarante et une secondes sur Shinya. Manifestement, pendant l'hiver, les Japonais ont comblé une bonne partie du retard technique qu'ils accusaient

l'an dernier. Sur le plan humain, enfin, il paraît d'ores et déjà évident que les hommes forts de la catégorie sont japonais – Nakano, Ukawa, Katoh – et français – Olivier Jacque. ●

Olivier Jacque devant Daijiro Katoh : le Français aura fort à faire cette année avec Tohru Ukawa et, ci-dessous, son coéquipier Shinya Nakano.

125

Locatelli sur le fil

Vive déception dans les rangs de l'écurie Derbi : après avoir mené pendant la quasi-totalité de la course, Youichi Ui, le petit Japonais de l'écurie espagnole, se fait avaler tout cru dans le dernier virage par un Locatelli en grande forme. Mais n'anticipons pas. Si Noburu Ueda signe la pole position, c'est un autre Japonais qui va faire à Sepang une course en tous points admirable. Ui, puisqu'il faut l'appeler par son nom, va prendre très vite une avance étonnante dans une catégorie qui reste, on le sait, toujours aussi disputée. Ueda, Borsoi et Locatelli, puis Giansanti et Alzamora, le champion en titre, se battent comme à l'accoutumée, mais il paraît évident pour tout le monde que la victoire ne peut échapper à la moto rouge.

En fait, il semble bien que ce soient les pneus qui aient joué ici un rôle essentiel. Dans les derniers tours, Ui est obligé de baisser le rythme, et les autres, inexorablement, reviennent sur lui. « J'ai failli tomber plusieurs fois, dira-t-il plus tard. J'avais hâte que la course se termine… ». Le malheur, pour le team espagnol, qui court toujours après sa première victoire en Grand Prix depuis son retour au plus haut niveau, veut que Roberto Locatelli soit tout simplement déchaîné en Malaisie. Il prend un léger avantage sur ses adversaires et, dans le tout dernier virage, parvient à doubler Ui, qui doit donc se contenter de la deuxième place, à 0,161 seconde derrière le vainqueur et 2 millièmes d'avance seulement sur Mirko Giansanti ! Côté Français, la Malaisie n'est pas vraiment ce que l'on peut appeler une réussite : casse pour Arnaud Vincent – il était pourtant dans le bon groupe – et chute pour Randy De Puniet. ●

125 CLASSEMENT DU GP DE MALAISIE

Tour le plus rapide : M. Giansanti (Ita, Honda), 2'16"138 (146,709 km/h).

1	**Roberto Locatelli**	Ita	Aprilia		43'30"945 (145,343 km/h)
2	Youichi Ui	Jap	Derbi	à	0, 161
3	Mirko Giansanti	Ita	Honda	à	0, 163
4	Emilio Alzamora	Esp	Honda	à	1, 299
5	Noburu Ueda	Jap	Honda	à	6, 246
6	Gino Borsoi	Ita	Aprilia	à	6, 315
7	Gianluigi Scalvini	Ita	Aprilia	à	11, 098
8	Masao Azuma	Jap	Honda	à	11, 329
9	Steve Jenkner	All	Honda	à	11, 540
10	Ivan Goi	Ita	Honda	à	15, 917

Noburu Ueda devant Roberto Locatelli (4) : le pilote italien finira par s'imposer de justesse à Sepang.

GP du JAPON

SUZUKA
5864 m

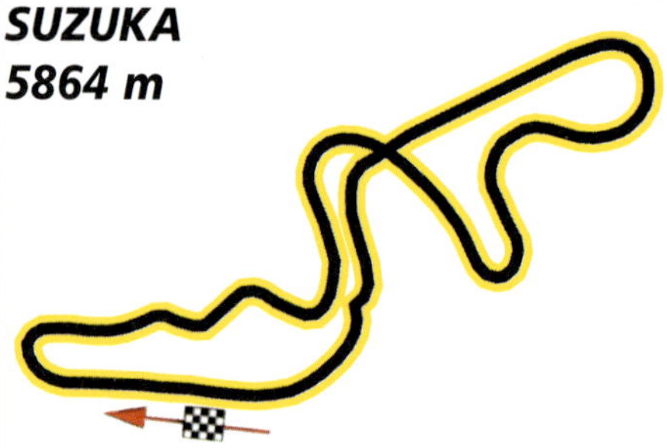

Grand Prix dominé sans le moindre doute par les pilotes locaux, qui remportent les trois courses et trustent tout simplement les places d'honneur dans chaque catégorie : Kenny Roberts, deuxième en 500, est le seul pilote occidental admis à monter sur un podium japonais. Victoire, la première, pour Youichi Ui et sa Derbi en 125, victoire encore de Daijiro Katoh en 250 et nouveau triomphe à domicile en 500 pour Norick Abe. Ce Grand Prix du Japon version 2000 ressemble étrangement à une manche du championnat national.

500 **CLASSEMENT DU GP DU JAPON**

Tour le plus rapide : K. Roberts (É-U, Suzuki), 2'08"304 (164,534 km/h).

1	**Norick Abe**	Jap	Yamaha		45'16"657 (163,185 km/h)
2	Kenny Roberts	Usa	Suzuki	à	0, 279
3	Tadayuki Okada	Jap	Honda	à	1, 912
4	Nobuatsu Aoki	Jap	Suzuki	à	2, 002
5	Carlos Checa	Esp	Yamaha	à	2, 530
6	Alex Criville	Esp	Honda	à	2, 678
7	Alex Barros	Bre	Honda	à	4, 213
8	Jeremy McWilliams	Gbr	Aprilia	à	4, 902
9	Garry McCoy	Aus	Yamaha	à	15, 471
10	Akira Ryo	Jap	Suzuki	à	15, 662

500

Abe vainqueur d'une course splendide

Le Grand Prix du Japon devait nous offrir, à Suzuka, l'une des épreuves les plus chaudement disputées de la saison. Les chronos indiqueront plus tard que, sur le plan de la vitesse pure, il ne s'agit pas là de la course la plus rapide, puisque les quatre-cylindres tourneront tout juste une demi-seconde plus vite que leurs petites sœurs à deux cylindres quelques minutes auparavant. Qu'importe : sur le plan du spectacle, ce Grand Prix japonais fut un petit chef-d'œuvre, avec six pilotes en lutte de la première à la dernière minute. Kenny Roberts, Norick Abe, Max Biaggi, Alex Criville, Tadayuki Okada et Carlos Checa vont faire toute la course coude à coude, se passant et se repassant dans chaque virage pour la plus grande joie du public. À l'issue d'un freinage un peu trop appuyé à l'entrée de la chicane, Max Biaggi sera la première victime de cette bagarre insensée et se retrouvera par terre sans espoir de repartir. Nobuatsu Aoki, qui avait pourtant durement souffert d'une

chute spectaculaire pendant les essais, profitera de l'agitation qui résulte de cette chute pour recoller aux hommes de tête. Les leaders provisoires se succèdent presque dans chaque virage, et il faudra attendre les dernières secondes pour entrevoir l'issue finale.

Alex Criville, que l'on a vu plusieurs fois en tête pour la première fois cette année, paraît un instant bien placé, malgré le forcing acharné de Norick Abe. Et plusieurs observateurs, d'un bout à l'autre du circuit japonais, se font la même réflexion : Norifumi Abe, dit « Norick », ne peut que gagner ou chuter. En résistant aux attaques virulentes d'Abe, Criville doit sortir de la piste, sans chuter, mais perd virtuellement tout espoir de remporter la course. C'est en fait Kenny Roberts qui paraît le plus à même de barrer la route au pilote japonais : perpétuellement aux avant-postes, l'Américain fera tout pour passer Abe, qui court, pour la première fois, avec un pneu de 16,5 pouces à l'arrière. Il faut croire que la recette est bonne, puisque Norick Abe saura jusqu'au bout garder cette première place chèrement acquise. Vainqueur de son premier Grand Prix ici même en 1996, Abe renoue donc avec une victoire derrière laquelle il court vainement depuis trois ans. Ponctué d'une formidable roue arrière, ce succès japonais comble évidemment de joie le pilote de l'écurie Antena 3 d'Antin. Il ne compte, sur Kenny, que 279 millièmes de seconde d'avance et moins de 2 secondes sur Okada, qui place la première Honda officielle en troisième position seulement, Aoki et Checa. Cette belle deuxième place de Kenny Roberts lui permet de prendre la tête au classement provisoire, devant Carlos Checa et Garry McCoy, qui ne termine qu'en neuvième position à Suzuka. Carlos Checa, le plus régulier est à 4 points du pilote Suzuki.

Nouvelle victoire au Japon pour Norick Abe, toujours redoutable dans son pays.

250
Honda maître chez lui

Le circuit de Suzuka, est-il besoin de le rappeler, est situé au milieu d'un vaste parc d'attractions et appartient à l'usine Honda, qui y fait en permanence tourner ses machines de course. Cette particularité lui donne un intérêt qui n'échappera à personne : les pilotes Honda, surtout les Japonais, se doivent d'y réussir, et les autres, tous les autres, trouvent un malin plaisir à les en empêcher. Dès les essais, le ton est donné par Daijiro Katoh, qui signe la pole position en battant d'ailleurs le record de la piste. L'exploit est important pour lui, puisqu'il lui permet non seulement de dominer le vieux rival Yamaha, mais aussi de prendre le meilleur, devant tout l'état-major de l'usine, sur son coéquipier Tohru Ukawa. Les deux Japonais, on le sait, n'ont aucune sympathie l'un pour l'autre et n'ont guère envie de se faire le moindre cadeau. Déjà vainqueur ici même en 1997 et 1998, Katoh a en outre l'avantage de connaître parfaitement Suzuka.

Dès les premières secondes de la course, il est clair que ce Grand Prix du Japon va se jouer entre les deux usines japonaises et les quatre hommes qui ont marqué le début de saison. C'est Shinya Nakano qui fait le meilleur départ et boucle en tête le premier tour, avec les deux Honda dans sa roue et son coéquipier Olivier Jacque en quatrième position. Les quatre pilotes imposent d'entrée de jeu un rythme infernal que personne ne pourra suivre.

Très vite aussi, malheureusement, on comprend qu'Olivier Jacque ne peut pas suivre à 100 % la cadence de ses adversaires. Il connaît de gros problèmes avec son pneu avant et perd progressivement le contact avec les trois Japonais déchaînés. Shinya Nakano s'offrira le luxe, pendant six tours, de mener dans son Grand Prix national avant de céder à la pression de Katoh. « J'ai vraiment tout donné, dira-t-il après la course. Je pensais pouvoir reprendre l'avantage dans le tout dernier tour, mais j'ai glissé à la sortie de l'avant-dernière courbe. Je suis un peu sorti de la trajectoire et je n'ai pas pu me replacer correctement pour tenter une attaque dans la chicane… » Cette petite erreur coûtera même la deuxième marche du podium à Nakano, puisque Ukawa va essayer sur lui, avec succès, la manœuvre que le pilote Yamaha se proposait justement de tenter.

Les trois coureurs passeront sous le drapeau de la fin au coude à coude et seront classés, sur les résultats officiels, dans la même seconde ! Olivier Jacque est quatrième à quinze secondes – le coût exact de son mauvais choix de pneus –, et c'est Marco Melandri, après la chute de Waldmann, qui place cette fois la première Aprilia italienne. Il est amusant de noter que l'écart entre Melandri et le vainqueur de l'épreuve est, à quelques millièmes de seconde près, le même que celui accusé à Sepang la semaine précédente : plus de quarante et une secondes. Au classement très provisoire du Championnat du monde, Nakano ne compte plus que 5 points d'avance sur Daijiro Katoh et 20 sur son coéquipier chez Tech 3.

Podium cent pour cent japonais en 250 cc avec Ukawa, Katoh, et Nakano. Les Japonais sont toujours difficiles à battre chez eux.

125
première victoire pour Derbi

On le sentait depuis le début de la saison : la 125 Derbi, après une seule petite année d'histoire, est tout à fait capable de gagner un Grand Prix. L'équipe dirigée par Giampiero Sacchi est aujourd'hui, il faut bien le reconnaître, un petit chef-d'œuvre d'efficacité et de bon esprit qui ne pouvaient, à plus ou moins court terme, que finir par porter leurs fruits. À Suzuka, circuit technique et éprouvant s'il en est, Youichi Ui est, comme la plupart de ses compatriotes, galvanisé par l'événement : le Grand Prix du Japon, pour un Japonais, reste « la » course de l'année. Dès les essais, Ui prend sur ses rivaux, notamment japonais, un petit ascendant moral. C'est lui qui signe, en effet, la pole position en battant le record de la piste en 2'14"975. C'est lui encore qui va faire le meilleur départ et occuper, un court instant, la tête de la course.

Mais un autre pilote est lui aussi survolté à Suzuka. Il n'a rien de japonais et s'appelle Roberto Locatelli. En un tour et demi, il revient dans la roue de Ui, le passe sans rémission et accumule devant le Japonais et le reste du plateau les mètres après les mètres. Vainqueur la semaine précédente à Sepang, fort de son statut de premier pilote Aprilia et manifestement animé par un moral de vainqueur, le jeune Italien va nous offrir, quinze tours durant, un véritable festival d'attaque et de pilotage. Il est clair alors que la victoire ne peut lui échapper et que le jeune Ui, si brillant aux essais, va devoir se contenter d'une place de deuxième, que lui disputent vainement tous ses adversaires. Et se produit alors exactement l'inverse de la course malaise. À Sepang, Ui avait mené de bout en bout pour perdre à quelques mètres de l'arrivée et laisser la victoire au pilote italien. À Suzuka, c'est Locatelli qui caracole devant et qui a presque course gagnée quand, à la sortie de la dernière chicane, drapeau à damier en vue, il rouvre un tout petit peu trop fort : l'Aprilia se met en travers et son pilote se retrouve à plat ventre pour regarder passer tous ceux qu'il avait jusqu'ici outrageusement dominés. Youichi Ui, d'abord, qui n'en croit pas ses yeux en voyant l'Aprilia au sol et qui se rue avec bonheur vers la ligne d'arrivée.

Ui profite de la faute de Locatelli pour donner à Derbi sa première victoire en Grand Prix depuis son retour en 125.

Le monde est beau, pour le petit Japonais, puisqu'il remporte le premier Grand Prix de sa vie ici, chez lui, devant tous ses compatriotes enthousiastes. Sept secondes derrière, Noburu Ueda précède Masao Azuma pour un podium, le premier aujourd'hui, 100 % japonais. Borsoi est à 10 secondes derrière, ce qui est beaucoup en 125 cc, et le tenant du titre, Emilio Elzamora, doit se contenter de la cinquième place. Les deux Français de la catégorie, Arnaud Vincent et Randy De Puniet, terminent respectivement en huitième et dixième positions en échappant fort heureusement à l'hécatombe de chutes qui devait marquer ce Grand Prix japonais : De Angelis, Nieto, Scalvini, Haslam, Cecchinello, Hules, Sanna et, bien entendu, la plus remarquée d'entre elles, celle de Roberto Locatelli…

250 CLASSEMENT DU GP DU JAPON

Tour le plus rapide : S. Nakano (Jap, Yamaha), 2'08"581 (164,179 km/h).

1	Daijiro Katoh	Jap	Honda		41'00"361 (163,023 km/h)
2	Tohru Ukawa	Jap	Honda	à	0, 129
3	Shinya Nakano	Jap	Yamaha	à	0, 231
4	Olivier Jacque	Fra	Yamaha	à	15, 009
5	Marco Melandri	Ita	Aprilia	à	41, 325
6	Naoki Matsudo	Jap	Yamaha	à	49, 447
7	Anthony West	Aus	Honda	à	53, 261
8	Franco Battaini	Ita	Aprilia	à	53, 746
9	Osamu Miyazaki	Jap	Yamaha	à	59, 737
10	Shinichi Nakatomi	Jap	Honda	à	1'00, 249

125 CLASSEMENT DU GP DU JAPON

Tour le plus rapide : R. Locatelli (Ita, Aprilia), 2'15"406 (155,904 km/h).

1	Youichi Ui	Jap	Derbi		41'04"264 (154,199 km/h)
2	Noburu Ueda	Jap	Honda	à	7, 848
3	Masao Azuma	Jap	Honda	à	8, 667
4	Gino Borsoi	Ita	Aprilia	à	18, 623
5	Emilio Alzamora	Esp	Honda	à	20, 881
6	Ivan Goi	Ita	Honda	à	21, 329
7	Hideyuki Nakajoh	Jap	Honda	à	22, 707
8	Arnaud Vincent	Fra	Aprilia	à	22, 731
9	Yuzo Fujioka	Jap	Honda	à	22, 958
10	Randy De Puniet	Fra	Aprilia	à	23, 261

GP d'ESPAGNE

Débarquement en Europe pour le petit monde de la course après les débuts lointains : Kenny Roberts va confirmer à Jerez ses prétentions dans la catégorie reine et les qualités de sa Suzuki officielle à l'issue d'une course faussée par la pluie.
En 250, pour la première fois cette année, c'est une Aprilia, celle de Waldmann, qui bat à la régulière toutes les machines officielles japonaises, tandis que le champion du monde en titre dans la plus petite des catégories, Emilio Alzamora, remporte devant les siens la première victoire de sa saison.

500 **CLASSEMENT DU GP D'ESPAGNE**

Tour le plus rapide :
K. Roberts (É-U, Suzuki), 1'44"127 (152,917 km/h).

1	**Kenny Roberts**	É-U	Suzuki		45'52"311 (150,416 km/h)
2	Carlos Checa	Esp	Yamaha	à	0, 859
3	Valentino Rossi	Ita	Honda	à	3, 525
4	Alex Criville	Esp	Honda	à	5, 037
5	Alex Barros	Bré	Honda	à	12, 608
6	Loris Capirossi	Ita	Honda	à	17, 436
7	Nobuatsu Aoki	Jap	Suzuki	à	19, 484
8	Régis Laconi	Fra	Yamaha	à	27, 589
9	J. V D Goorbergh	P-B	Honda	à	27, 777
10	Tadayuki Okada	Jap	Honda	à	35, 920

500

Roberts s'affirme

Relativement discret pendant les essais, Kenny Roberts a parfaitement mené sa barque dans cette première épreuve des 500 sur notre Vieux Continent. C'est Max Biaggi qui avait signé la pole position devant le nouveau venu de la catégorie, Valentino Rossi, et l'autre Yamaha officielle de Carlos Checa, que tout le monde ici, bien sûr, espère bien voir aux avant-postes. Le public espagnol est venu en masse à Jerez pour applaudir les exploits de ses pilotes. Et même si le tenant du titre, Alex Criville, est assez loin au classement provisoire, il bénéficie toujours d'une ferveur populaire qui, comme chacun le sait, n'est pas un vain mot chez nos bouillants voisins. On remarque, à l'issue des quatre séances d'essais, que Max Biaggi et Valentino Rossi seront les deux seuls pilotes qui parviendront à descendre en dessous de 1'43". Roberts, lui, a plus travaillé sur les réglages de course et va toucher, à l'issue d'une épreuve tronquée, la juste récompense de ses efforts. Après un accrochage avec Régis Laconi, Max Biaggi chute sans gravité pour lui dans le tour de formation. Mais sa moto prend feu aussitôt, et le départ devra être retardé de dix minutes. C'est alors Kenny Roberts qui va faire le meilleur départ et filer en tête devant Barros, Rossi et Carlos Checa, formidablement soutenu par le public. Au cinquième tour, Roberts est toujours devant, Biaggi est contraint à l'abandon (il est parti avec le mulet), et la bataille fait rage entre Barros, Checa, Rossi et Criville, qui lui aussi voudrait bien briller devant les siens. À mi-course, Checa semble bien installé à la deuxième place, mais la lutte continue entre Barros et Rossi pour la troisième marche du podium. Deux tours plus tard, les premières gouttes de pluie commencent à tomber. Roberts, le premier, lèvera la main pour faire arrêter la course avant d'effectuer un dernier tour, bras en V, convaincu qu'il a gagné. Mais non : à un tour près, les trois quarts de la distance réglementaire n'ont pas été parcourus. Il faut donc rentrer dans les boxes, changer les pneus et repartir pour dix tours.

Commence alors pour le Californien une « deuxième manche » un peu stressante. Voyant McCoy et Gibernau chuter immédiatement sous ses yeux, Kenny entend bien ne pas perdre le bénéfice de son excellente première partie. Il laisse donc les autres – Rossi, Checa, Criville – se battre pour la tête et se contente de gérer intelligemment son capital temps.

Avec moins de une seconde, il conserve la première place devant Carlos Checa, Valentino Rossi et Alex Criville. Cet excellent résultat lui permet d'accentuer son avance au classement provisoire, puisqu'il compte 9 points de plus que Carlos Checa, décidément très constant cette saison, et Garry McCoy. On remarque, pour ce Grand Prix d'Espagne, que vingt et un pilotes seulement étaient au départ de la catégorie 500. Après les chutes ou abandons de McCoy, de Norval, de Gimbert, d'Abe, de Gibernau, de Cardoso, de McWilliams et de Biaggi, treize pilotes seulement terminent classés et, bien entendu, dans les points. À noter enfin l'étonnante troisième place – son premier podium en 500 – de Valentino Rossi, qui n'a jamais caché son aversion pour les pistes humides. Voilà un garçon qui apprend vite et qui apprend bien…

Kenny Roberts confirme à Jerez ses ambitions dans la catégorie reine. Il gagne en Espagne avec moins d'une seconde sur Carlos Checa.

250 première victoire pour Aprilia

Après un début de saison discret qui ne leur a jamais permis de venir chercher les Honda et les Yamaha officielles, les Aprilia sont de retour et signent à Jerez une solide et incontestable victoire. Encore, pour être juste, faudrait-il dire : l'Aprilia de Waldmann. L'Allemand, que certaines mauvaises langues traitent déjà de *has been*, s'est montré en Espagne beaucoup plus offensif qu'il ne l'avait été les trois premières courses. « Je ne sais pas pourquoi, dit-il, mais je suis toujours plus performant lorsque le championnat revient en Europe… Et de toute façon, Sepang n'est vraiment pas un circuit pour les Aprilia. » Jerez, en revanche, paraît convenir aux machines italiennes, puisque Ralf va signer le meilleur temps des essais officiels, remporter brillamment l'épreuve et s'adjuger le record du tour. Dans le paddock, on appelle cela « la complète » !

C'est Daijiro Katoh qui s'était pourtant montré le plus rapide au départ et avait occupé la tête de la course pendant un court instant. Il était aussitôt attaqué par les deux Yamaha de Tech 3, Nakano en tête, suivies de Waldmann et d'Ukawa. Au deuxième tour, Nakano passe devant avec une belle détermination. Trop belle, même, puisque le Japonais part dans une longue glissade et se retrouve aussitôt dans le bac à sable. Il remontera sur une moto abîmée et se battra comme un beau diable pour venir prendre en fin de course le petit point de la quinzième place. Devant, Olivier Jacque mène un moment. Il a dans sa roue un Waldmann survolté qui va le passer sans rémission. OJ ne cherchera pas à tenter le diable et se laissera même doubler d'abord par Daijiro Katoh, lui aussi déchaîné, et enfin par Tohru Ukawa, sur l'autre Honda officielle. En tête depuis le troisième tour, Ralf Waldmann conserve une cadence infernale qui lui permet de prendre très vite une avance confortable. En ce qui concerne le résultat final, la messe est dite. Tout va donc se passer derrière pour la deuxième place. C'est un duel entre les deux Honda d'usine qui tournera à l'avantage du plus jeune, Katoh, sur le plus vieux, Ukawa. Olivier Jacque, lui, aura fort à faire avec les Honda : celles des deux Japonais en début de course, puis celle de l'Australien Anthony West, qui contestera longtemps la quatrième place à notre meilleur pilote. À noter l'écart entre le vainqueur, Ralf Waldmann, et la meilleure Yamaha, celle d'Olivier : plus de vingt secondes, ce qui, dans cette catégorie, commence à faire beaucoup…

250 CLASSEMENT DU GP D'ESPAGNE

Tour le plus rapide : R. Waldmann (All, Aprilia), 1'44"991 (151,658 km/h).

1	**Ralf Waldmann**	All	Aprilia		45'56"451 (150,190 km/h)
2	Daijiro Katoh	Jap	Honda	à	5, 188
3	Tohru Ukawa	Jap	Honda	à	6, 052
4	Olivier Jacque	Fra	Yamaha	à	23, 670
5	Anthony West	Aus	Honda	à	29, 685
6	Marco Melandri	Ita	Aprilia	à	36, 549
7	Marco Lucchi	Ita	Aprilia	à	43, 644
8	Klaus Nöhles	All	Aprilia	à	47, 266
9	Sebastian Porto	Arg	Yamaha	à	50, 638
10	Franco Battaini	Ita	Aprilia	à	50, 706

Victoire incontestable pour Ralf Waldmann, intouchable en Espagne cette année.

125

première victoire de l'année pour Alzamora

S'il se contente de la troisième place sur la ligne de départ derrière Locatelli et Ui, dans cet ordre, l'Espagnol Emilio Alzamora n'en a pas moins parfaitement réussi son Grand Prix national. À Jerez de la Frontera, le pilote d'Angel Nieto fait comme les autres au départ de la première course : un petit tour avant de s'arrêter à cause de la pluie. Il faut dire qu'il commençait déjà à tomber quelques gouttes au moment du feu vert, qui, en bonne logique, n'aurait jamais dû être donné. Après l'inévitable confusion, ce sont Youichi Ui puis Mirko Giansanti qui sont les plus rapides. Le Japonais de chez Derbi va emmener un petit groupe qui lâche irrémédiablement tout le monde : Giansanti, Cecchinello, Ueda, Alzamora, Locatelli et Azuma. Mais au septième tour, Emilio prend la tête et impose une cadence que bien peu parviendront à suivre : seul Mirko Giansanti réussira à garder le contact. Locatelli, pour avoir trop attaqué dans les premières minutes, se voit obligé de rendre la main à cause de ses pneus et Giansanti, malgré une évidente bonne volonté, ne parvient pas à passer l'Espagnol. Pour la première fois depuis Assen en 1996, Emilio Alzamora franchit en première position dans son Espagne natale la ligne d'arrivée d'un Grand Prix. La foule, faut-il le préciser, va longuement et bruyamment fêter cette victoire. Arnaud Vincent, longtemps à la poursuite du groupe de tête, terminera en huitième position, et Randy De Puniet, à la treizième après une longue bagarre avec Gianluigi Scalvini.

125 CLASSEMENT DU GP D'ESPAGNE

Tour le plus rapide :
R. Locatelli (Ita, Aprilia), 1'49"372 (145,583 km/h).

1	**Emilio Alzamora**	Esp	Honda		42'19"740 (144,197 km/h)
2	Mirko Giansanti	Ita	Honda	à	1, 047
3	Roberto Locatelli	Ita	Aprilia	à	5, 076
4	Masao Azuma	Jap	Honda	à	9, 661
5	Noburu Ueda	Jap	Honda	à	19, 030
6	Lucio Cecchinello	Ita	Honda	à	19, 397
7	Ivan Goi	Ita	Honda	à	24, 987
8	Arnaud Vincent	Fra	Aprilia	à	30, 981
9	Manuel Poggiali	Rsm	Derbi	à	36, 238
10	Steve Jenkner	All	Honda	à	40, 379

Première victoire depuis 1996, et chez lui, pour Emilio Alzamora.

GP de FRANCE

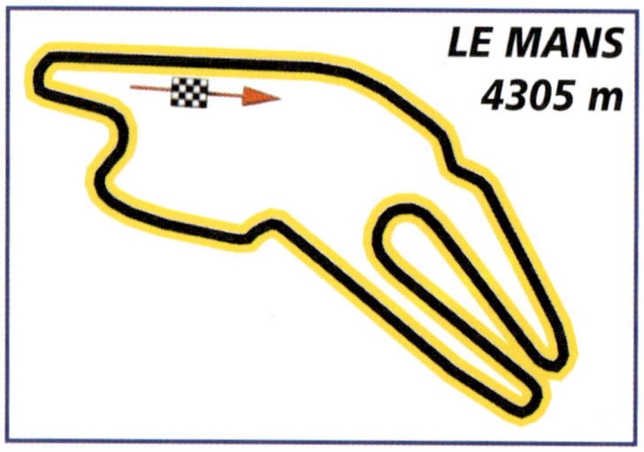

Plus de 65 000 spectateurs, un soleil éclatant et des courses chaudement disputées ont fait de ce Grand Prix de France 2000 une authentique réussite. Nouvelle victoire de Ui et de son Derbi dans la plus petite des catégories, où Arnaud Vincent est passé tout près de l'exploit. Tout comme Olivier Jacque en 250, malgré la belle victoire du Japonais Ukawa. En 500 enfin, et pour la première fois cette saison, le tenant du titre, Alex Criville, renoue avec la victoire après un début de saison pour le moins décevant.

500 **CLASSEMENT DU GP DE FRANCE**

Tour le plus rapide :
V. Rossi (Ita, Honda), 1'40"089 (154,842 km/h).

1	**Alex Criville**	Esp	Honda		47'15"363 (153,047 km/h)
2	Norick Abe	Jap	Yamaha	à	0, 321
3	Valentino Rossi	Ita	Honda	à	1, 155
4	Garry McCoy	Aus	Yamaha	à	4, 377
5	Alex Barros	Bré	Honda	à	5, 240
6	Kenny Roberts	É-U	Suzuki	à	9, 176
7	Carlos Checa	Esp	Yamaha	à	11, 600
8	Loris Capirossi	Ita	Honda	à	12, 174
9	Régis Laconi	Fra	Yamaha	à	12, 342
10	Tetsuya Harada	Jap	Aprilia	à	29, 818

500
le retour de Criville

« Le grand Criville est de retour ! » pouvaient titrer avec satisfaction tous les journaux espagnols au lendemain de ce Grand Prix de France. Le tenant du titre, en effet, n'a pas connu un début de saison très brillant et semblait très mal vivre la formidable pression

qui pèse aujourd'hui sur ses épaules. Ses supporters inconditionnels, et ils sont légion, ont eu en France le bonheur de le retrouver. Ce sont pourtant les Yamaha, pendant les essais, qui se montrent les plus vites sur le tracé manceau. Max Biaggi, en particulier, donne l'impression de vouloir tout dévorer. Et Dieu sait que l'Italien, quand il est motivé, peut être capable de tous les exploits. Il signe la pole position devant Carlos Checa, son camarade d'écurie, Alex Barros et la Suzuki de Kenny Roberts. C'est encore lui qui se montre le plus rapide quand le feu passe au vert. Il va faire ainsi les six premières minutes de la course devant tout le paquet avant d'être victime de sa fougue. Au quatrième tour, il ne peut rien faire pour éviter la chute et se cantonne, la rage au cœur, au rôle de spectateur.

Roberts qui est alors en tête. L'Américain, qui affirme un peu trop haut qu'il est aujourd'hui l'homme fort de la catégorie, entend bien le prouver sur la piste. Mais derrière lui, la chasse est ouverte. Et c'est bien Alex Criville, enfin à l'aise sur sa moto, qui est le premier à coller à la roue arrière de la Suzuki, qu'il double sans l'ombre d'une hésitation. Norick Abe et Valentino Rossi, eux aussi, commencent à mettre la pression sur l'actuel leader du classement provisoire. Garry McCoy, très mal parti, est bien revenu et attaque également la Suzuki officielle. Devant, Norick Abe a pris le meilleur sur Valentino et se trouve alors dans la roue de Criville. Il est clair, au fil des tours, que la course va se jouer entre les deux hommes. Et, soyons honnêtes, au vu de son début de saison, on ne donne alors pas très cher des chances de Criville face à la détermination farouche qui anime d'habitude le pilote japonais. Eh bien, on se trompe ! Sur le circuit du Mans, en ce beau dimanche de printemps, le champion du monde en titre a retrouvé toute sa confiance en lui, toute sa hargne et tout son talent. À huit tours de la fin, Abe a pris la tête un court instant sans réussir à lâcher son rival. Et dans les tout derniers instants, Alex trouvera l'énergie pour reprendre la première place et la garder jusqu'au drapeau à damier. Valentino monte pour la deuxième fois consécutive sur la troisième marche du podium et c'est Garry McCoy qui est le mieux placé des pilotes Yamaha. Le petit Australien fait d'ailleurs une bonne affaire, puisque Roberts, doublé en fin de course par Barros, ne termine qu'en sixième position.

Le sale gosse le plus doué en 500 : Valentino Rossi.

Laconi n'a pu faire mieux que neuvième pour son GP national.

Criville, champion du monde en titre, renoue avec la victoire sur le circuit du Mans. Ce sera malheureusement la seule de la saison.

250

deuxième Grand Prix de France pour Ukawa

Il avait, l'an dernier, profité de la casse de Rossi dans le dernier tour pour enlever le Grand Prix de France version 1999. Cette fois, Tohru Ukawa a remporté dans notre beau pays une victoire incontestable devant son compatriote Nakano et notre OJ national. Comme depuis le début de la saison, c'est encore une fois entre trois Japonais et un Français que va se jouer cette catégorie. Daijiro Katoh, qui s'est montré le plus rapide aux essais, prend immédiatement la tête devant l'autre Honda d'Ukawa et les deux Yamaha de Tech 3. Le Japonais, malheureusement pour lui, va forcer un peu trop son talent et il chute au deuxième tour. Son coéquipier chez Honda, Ukawa, fait presque la même erreur dans le S qui suit la ligne droite des stands et doit tirer tout droit pour éviter la chute.

Les erreurs des Honda font le jeu des Yamaha, qui se retrouvent alors en tête. Nakano mène, avec Olivier dans sa roue. À mi-course, Jacque passe devant pour la plus grande joie du public, debout dans les gradins. C'est malheureusement sans compter avec Ukawa, qui a grignoté petit à petit le terrain perdu par sa faute. Revenu au contact des Yamaha, le Japonais va les doubler et s'installer définitivement en tête de la course. Nakano, après avoir passé son coéquipier, tentera vainement de rejoindre et de dépasser Ukawa, qui saura jusqu'au bout résister à la pression de Shinya. Olivier Jacque, lui, ne tentera pas l'impossible et se contentera de la troisième marche de ce podium français. Melandri prend la quatrième place, après la chute de Waldmann, longtemps accroché par Anthony West.

L'exploit de ce Grand Prix, dans la catégorie, est certainement la remontée exceptionnelle de Katoh après sa chute au deuxième tour : le Japonais est reparti le couteau entre les dents pour doubler ses adversaires les uns après les autres et terminer, en fin de compte, à la sixième place. Chapeau !

250 CLASSEMENT DU GP DE FRANCE

Tour le plus rapide : T. Ukawa (Jap, Honda), 1'42"312 (151,477 km/h).

1	**Tohru Ukawa**	Jap	Honda		44'42"954 (150,188 km/h)
2	Shinya Nakano	Jap	Yamaha	à	0, 279
3	Olivier Jacque	Fra	Yamaha	à	2, 521
4	Marco Melandri	Ita	Aprilia	à	20, 531
5	Anthony West	Aus	Honda	à	25, 474
6	Daijiro Katoh	Jap	Honda	à	36, 681
7	Noaki Matsudo	Jap	Yamaha	à	42, 599
8	Ralf Waldmann	All	Aprilia	à	46, 083
9	Luca Boscoscuro	Ita	Aprilia	à	48, 751
10	Sebastian Porto	Arg	Yamaha	à	49, 128

Comme à la parade : West devant Nakano, Jacque et Melandri.

Victoire étonnante de facilité pour Tohru Ukawa, déjà vainqueur l'an dernier au Castellet.

125

Vincent rate le coche

Vainqueur du premier Grand Prix de la saison sur le circuit de Phakisa, en Afrique du Sud, Arnaud Vincent avait bien sûr à cœur de briller au Mans, sur un circuit qu'il connaît et devant un public entièrement voué à la cause du Français. À l'issue des quatre séances d'essais, c'est encore une fois la moto rouge de Youichi Ui qui s'est montrée la plus rapide. Comme d'ordinaire dans cette catégorie, les écarts entre les hommes de tête sont minimes, et notre meilleur représentant, Arnaud Vincent, sixième temps et donc deuxième ligne sur la grille, n'est qu'à quelques millièmes de seconde de la pole position : la course, comme souvent en 125, s'annonce pour le moins chaude. Et de fait, dès que le feu passe au vert, c'est Ui qui prend de très peu la tête devant l'habituel paquet de furieux qui animent régulièrement la catégorie. Il y a là Cecchinello, Ueda, Locatelli, Giansanti, Alzamora et Vincent, qui n'a pas raté le bon wagon. Le Français va même astucieusement, au cinquième tour, profiter des circonstances : Noburu Ueda se montre un peu trop optimiste et chute en semant une jolie pagaille dans le peloton. C'est l'instant que choisit Arnaud pour prendre le commandement, pour la plus grande joie du public. Un Français en tête, au Mans, croyez-le, cela se voit et cela s'entend. Pendant la moitié de la course, c'est le numéro 21 qui provoque les « holà » dans les tribunes à chacun de ses passages. Vincent a dans sa roue les Italiens (Giansanti, Cecchinello, Locatelli), un Espagnol (Alzamora) et surtout un Japonais, Youichi Ui, qui entend bien renouveler la belle victoire arrachée à Suzuka. À quatre tours de la fin, Ui attaque l'Aprilia d'Arnaud, qui ne peut que s'incliner au milieu d'un immense « oh ! » de déception dans les tribunes mancelles. Mais comme disait je ne sais plus qui, Vincent a certes perdu une bataille mais pas encore la guerre. Et c'est dans le dernier tour que le Français va porter une ultime attaque qui devrait être décisive. Dans le « chemin aux Bœufs », Arnaud freine tard, très tard même, puisqu'il revient à la hauteur du Japonais et le dépasse un court instant. Mais la manœuvre porte en elle-même sa propre sanction. En freinant plus tard que tout le monde, Vincent est sorti de la trajectoire et doit « élargir » vers le bac à sable. Youichi Ui, qui est resté lui sur la bonne trajectoire, reprend la première place à Arnaud, qui voit Mirko Giansanti, Emilio Alzamora et Roberto Locatelli profiter de son erreur et s'engouffrer eux aussi dans la brèche. Arnaud, déçu de n'avoir pu s'imposer devant les siens, expliquera sobrement après la course que « c'était cela ou la chute pour les deux pilotes... ». C'est donc en cinquième position seulement qu'il termine un Grand Prix de France qu'il avait sans aucun doute les moyens de remporter.

Vincent a tout tenté, au Mans, pour remporter son Grand Prix national.

125 CLASSEMENT DU GP DE FRANCE

Tour le plus rapide :
N. Ueda (Jap, Honda), 1'48"011 (143,485 km/h).

1	**Youichi Ui**	Jap	Derbi		43'43"690 (141,766 km/h)
2	Mirko Giansanti	Ita	Honda	à	1, 655
3	Emilio Alzamora	Esp	Honda	à	1, 857
4	Roberto Locatelli	Ita	Aprilia	à	2, 079
5	Arnaud Vincent	Fra	Aprilia	à	2, 231
6	Ivan Goi	Ita	Honda	à	5, 899
7	Lucio Cecchinello	Ita	Honda	à	10, 132
8	Manuel Poggiali	Rsm	Derbi	à	13, 923
9	Gino Borsoi	Ita	Aprilia	à	14, 267
10	Simone Sanna	Ita	Aprilia	à	20, 522

GP d'ITALIE

MUGELLO
5245 m

500
bagarre à l'italienne

Ce Grand Prix d'Italie, dans sa version 2000, restera sans nul doute dans toutes les mémoires : un Grand Prix 500 chaudement disputé par trois vedettes italiennes, devant des dizaines de milliers d'Italiens enthousiastes et sur le plus beau circuit du monde, il y avait là tous les ingrédients pour constituer un grand moment de la course moto. Les séances d'essais devaient être dominées par l'un des hommes forts actuellement dans la catégorie : Alex Barros, paradoxalement, signe en Italie la première pole position d'une carrière déjà longue et plutôt bien remplie. Le Brésilien,

Les pilotes italiens n'ont évidemment pas raté leur Grand Prix national sur le merveilleux circuit de Mugello : victoire presque facile de Roberto Locatelli en 125 et, surtout, magnifique affrontement des trois plus grands pilotes latins en 500 avec, à la clef, ce qui restera vraisemblablement l'une des plus belles courses de la saison, remportée par Loris Capirossi. En 250, en revanche, le tandem Nakano-Jacque a une fois encore affiché une supériorité manifeste qui lui permet de prendre les deux premières places sans la moindre contestation possible.

500 **CLASSEMENT DU GP D'ITALIE**

Tour le plus rapide : L. Capirossi (Ita, Honda V4), 1'53"885 (165,798 km/h).

1	**Loris Capirossi**	Ita	Honda		44'04"220 (164,239 km/h)
2	Carlos Checa	Esp	Yamaha	à	2, 876
3	Jeremy McWilliams	R-U	Aprilia	à	8, 041
4	Nobuatsu Aoki	Jap	Suzuki	à	9, 631
5	Norick Abe	Jap	Yamaha	à	9, 939
6	Kenny Roberts	É-U	Suzuki	à	10, 127
7	Régis Laconi	Fra	Yamaha	à	18, 288
8	Tadayuki Okada	Jap	Honda	à	18, 401
9	Max Biaggi	Ita	Yamaha	à	26, 661
10	Sete Gibernau	Esp	Honda	à	27, 668

toutefois, ne saura tirer profit de cette position privilégiée : il ratera complètement son départ et, en tentant de revenir sur les hommes de tête, chutera lourdement, sans le moindre espoir de pouvoir repartir.
Ces « hommes de tête », ici à Mugello, ne vont pas tarder à émerger. Ils sont cinq au début, puis très vite plus que trois, tous italiens à 100 %. Kenny Roberts et Norick Abe tenteront bien dans les premiers tours de tenir le rythme infernal imposé par les « autochtones ». Mais le premier devra rendre la main à cause d'un châssis qui n'est pas au mieux de sa forme et le second tout simplement parce qu'il ne parvient pas à suivre la cadence. Ils se retrouvent donc trois Italiens en tête, bien décidés à gagner chez eux, devant les leurs, et à changer ces statistiques imbéciles qui prétendent, à juste titre d'ailleurs, que jamais un pilote italien n'a remporté de Grand Prix 500 sur ce circuit, justement typiquement italien.

Loris Capirossi, en grande forme, est a priori le plus performant. Mais il est suivi comme son ombre par les deux « meilleurs amis » du monde, acharnés à ne pas se faire, ici comme ailleurs, le moindre petit cadeau : Valentino Rossi et Max Biaggi !
Sur les flancs des collines toscanes qui font ici office de gradins naturels, les *tifosi* respectifs des uns et des autres se moquent, s'interpellent, s'insultent d'un bout de la vallée à l'autre. C'est ce que l'on appelle une « chaude » ambiance. Et ce qui se passe sur la piste est bien pire encore : les positions des trois pilotes changent pratiquement à chacune des difficultés d'un tracé qui est loin d'en manquer. Capirossi et Rossi tout court prennent alternativement la tête, et le bon Biaggi, couteau entre les dents, entend bien profiter de la moindre occasion pour dévorer ces deux insolents qui se permettent, chez lui, de venir le défier. Bien difficile, alors, de dire qui va pouvoir l'emporter. Entre Valentino, qui adore Mugello et s'y montre toujours très brillant, Loris, qui sait sans doute mieux que quiconque finir une course en beauté, et Max, toujours capable du plus formidable des exploits, bien malin qui peut faire alors le moindre pronostic.
Tout va se jouer, en fait, par élimination. Deux tours avant la fin, Valentino trouve une ouverture dans laquelle il se précipite avec joie pour prendre la tête quelques secondes avant de chuter. Biaggi, lui, attend le tout dernier tour pour porter son attaque. Et dans un long droit sur l'angle maximum, il colle tellement à la Honda de Capirossi que son levier de frein vient effleurer la roue arrière de celui-ci ! C'est bien évidemment la chute pour le Romain et la victoire tant espérée pour Loris Capirossi, sévèrement critiqué ici même l'année dernière pour son attitude équivoque dans la course des 250. Cette fois, pas de demi-mesure pour le public, qui acclame comme il le mérite le premier pilote italien consacré ici dans la catégorie reine. Ses deux adversaires, l'un après l'autre, réussiront à se relever pour finir la course et marquer de petits points de consolation. Les autres « grands » de la catégorie, à Mugello, n'ont jamais été dans le coup pour la victoire. Carlos Checa se retrouve en deuxième position devant McWilliams et Aoki, tandis que Kenny Roberts doit se contenter de la sixième place.

Loris Capirossi remporte en Italie l'une des plus belles courses de l'année. C'est la première victoire italienne en 500 à Mugello.

250
tout pour Tech 3 !

Comme d'habitude, pourrait-on dire, c'est Marcellino Lucchi, doyen de la catégorie, « le Vieux », comme on le surnomme amicalement, qui signe le meilleur temps des essais. Lucchi, dans le civil, est pilote essayeur ici même pour le compte de l'usine Aprilia, et l'on peut dire sans se tromper que le circuit de Mugello, il connaît. Il devance les deux Yamaha – Nakano et Jacque – et les deux autres Aprilia de Waldmann et de Melandri. Le problème, pour l'écurie Tech 3, c'est que Shinya Nakano, pendant ces essais, va faire une chute très spectaculaire dont il se sort avec quelques douleurs un peu partout et, surtout, une entorse à la cheville. Samedi soir, à la veille de la course, sa participation n'est pas encore certaine…

Dimanche, pourtant, Nakano est là pour le warm up et le départ du Grand Prix. Et c'est Olivier Jacque qui fait le meilleur départ ; Shinya est dans sa roue et suit la cadence infernale de son coéquipier. Les deux Aprilia de pointe, celles de Waldmann et de Lucchi, vont mal supporter le rythme des Yamaha. Ralf chute dans le troisième tour et Lucchi quelques secondes plus tard. Plus personne ne peut alors venir inquiéter les Yamaha officielles. Vers la mi-course, Shinya Nakano, malgré sa cheville, passe à l'attaque. « J'ai été très prudent au début parce que je ne savais pas comment allait se comporter ma cheville, dira-t-il après la course. Mais plus tard, quand j'ai vu que j'étais légèrement mieux qu'Olivier en moteur et en pneus, je suis passé devant. C'est certainement la plus belle course de ma vie ! » Les pilotes moto ne sont décidément pas des gens comme tout le monde. Daijiro Katoh, troisième, est le premier pilote Honda, et c'est Marco Melandri qui place la première Aprilia, en quatrième position. La surprise, en Italie, a été de constater que les Yamaha, sur la longue ligne droite en montée de Mugello ont fait jeu égal avec les Aprilia, qui, les années précédentes, ridiculisaient ici leurs rivales.

Marcellino Lucchi, ici entre les deux Yamaha officielles, disparaîtra en course dès le quatrième tour.

125

Roberto Locatelli sur ses terres

Roberto n'a pas vraiment fait le détail, en Italie, sur un circuit de Mugello qui reste sans nul doute l'un des plus beaux du monde. Le jeune Italien, pilote officiel Aprilia, a fait ici quelques séances d'essais privés qui lui donnent une assez bonne connaissance de ce tracé difficile et technique. Dès les premières séances, Roberto Locatelli est le plus rapide et devance assez nettement ses petits camarades de jeu. Il précède Simone Sanna, qui est le véritable « local de l'étape », puisqu'il est né et vit à Borgo San Lorenzo, à quelques centaines de mètres de la ligne de départ. Locatelli va se montrer le plus rapide au feu vert ; il file en tête et prend plusieurs mètres dans chaque virage. Au premier passage, il a déjà deux secondes d'avance sur tout le monde et augmente régulièrement l'écart avec une aisance rarissime dans cette catégorie. Et quand il estime qu'il a suffisamment distancé ses adversaires, Roberto contrôle la suite de la course et passe la ligne d'arrivée avec une avance confortable. C'est ce que l'on peut appeler une démonstration.

Derrière, on a compris depuis le début que tout ne pouvait plus se jouer que pour la deuxième place. Et une fois encore, dans cette catégorie qui reste la plus homogène, c'est dans les dernières secondes que tout se passe. On se bouscule sérieusement au portillon, et Lucio Cecchinello se retrouve par terre avec Poggiali. Opportuniste, Mirko Giansanti en profite lâchement pour prendre la deuxième place devant Masao Azuma et Steve Jenkner. Comme il s'est montré jusqu'ici le plus régulier depuis le début de la saison, le jeune Italien prend également la tête au classement provisoire. Arnaud Vincent termine en huitième position et Randy De Puniet, après un excellent début de course, finit neuvième à cause d'une petite erreur en fin de parcours.

250 CLASSEMENT DU GP D'ITALIE

Tour le plus rapide : S. Nakano (Jap, Yamaha), 1'54"462 (164,963 km/h).

1	Shinya Nakano	Jap	Yamaha		40'30"142 (163,168 km/h)
2	Olivier Jacque	Fra	Yamaha	à	0, 786
3	Daijiro Katoh	Jap	Honda	à	15, 233
4	Marco Melandri	Ita	Aprilia	à	15, 334
5	Franco Battaini	Ita	Aprilia	à	34, 753
6	Tohru Ukawa	Jap	Honda	à	38, 003
7	Anthony West	Aus	Honda	à	1'01" 597
8	Noaki Matsudo	Jap	Yamaha	à	1'01" 839
9	Alfonso Nieto	Esp	Yamaha	à	1'02" 068
10	Ivan Clementi	Ita	Aprilia	à	1'07" 095

125 CLASSEMENT DU GP D'ITALIE

Tour le plus rapide : R. Locatelli (Ita, Aprilia), 2'00"029 (157,311 km/h).

1	**Roberto Locatelli**	Ita	Aprilia		40'36"753 (154,976 km/h)
2	Mirko Giansanti	Ita	Honda	à	6, 212
3	Masao Azuma	Jap	Honda	à	6, 258
4	Steve Jenkner	All	Honda	à	6, 493
5	Gino Borsoi	Ita	Aprilia	à	6, 494
6	Noburu Ueda	Jap	Honda	à	6, 821
7	Emilio Alzamora	Esp	Honda	à	6, 932
8	Arnaud Vincent	Fra	Aprilia	à	7, 038
9	Randy De Puniet	Fra	Aprilia	à	7, 214
10	Gianluigi Scalvini	Ita	Aprilia	à	20, 644

Roberto Locatelli : un ton au-dessus de tout le monde sur le tracé de Mugello.

GP de CATALOGNE

CATALUNYA
4727 m

Première victoire millésimée 2000 pour Olivier Jacque sur le circuit de Catalogne. Le pilote Tech 3 n'a pas fait le détail et battu sans rémission les deux Japonais, Tohru Ukawa, et surtout Shinya Nakano, qu'il rejoint au classement provisoire du Championnat du monde. Première victoire tout court pour Simone Sanna en 125 cc et troisième Grand Prix pour Kenny Roberts dans la catégorie reine. Mais l'Américain, cette fois, a bénéficié de la chance, puisque, en toute logique, c'est Alex Barros qui devait gagner en Catalogne. Les tenants des titres suprêmes, parfois, ont aussi besoin d'un petit coup de pouce du destin.

500 CLASSEMENT DU GP DE CATALOGNE

Tour le plus rapide : A. Barros (Bré, Honda V4), 2'02"098 (139,373 km/h).

1	**Kenny Roberts**	É-U	Suzuki		51'31"504 (137,612 km/h)
2.	Norick Abe	Jap	Yamaha	à	4, 454
3	Valentino Rossi	Ita	Honda	à	9, 541
4	Nobuatsu Aoki	Jap	Suzuki	à	12, 621
5	Max Biaggi	Ita	Yamaha	à	17, 224
6	Loris Capirossi	Ita	Honda	à	25, 906
7	J. V D Goorbergh	P-B	Honda	à	45, 688
8	David De Gea	Esp	Modenas	à	1'02, 945
9	Tetsuya Harada	Jap	Aprilia	à	1'21, 784
10	Yoshiteru Konishi	Jap	Honda	à	1'33, 670

500
et de trois pour Kenny !

C'est Alex Barros, dès les premiers tours de roue en Catalogne, qui fait pour tout le monde figure de favori logique. Il est tout de suite le plus offensif et s'empare rapidement de la pole position. Et malgré l'excellent départ de Kenny Roberts, qui va faire en tête les trois premiers tours de la course, Alex Barros n'est pas long à se mettre en évidence. Il fait un début de course calme et prudent, puisqu'il pointe en cinquième position au premier tour. Mais sans un instant confondre vitesse et précipitation, il revient, doucement mais sûrement, sur tous ceux qui le précèdent et l'empêchent de recoller à Kenny Roberts : ils s'appellent Norick Abe, Loris Capirossi ou Carlos Checa. Barros est alors dans la roue de la Suzuki, qu'il rejoint petit à petit avec obstination. Au onzième tour, il attaque, nettement et proprement, pour passer la Suzuki, qu'il va distancer avec une belle régularité. Pour tout le monde, le Brésilien a virtuellement course gagnée et semble s'acheminer en toute justice vers une belle victoire. Mais les dieux de la mécanique en décident autrement : une stupide panne électrique à 2,50 F – cosse de batterie abîmée la veille et non remplacée –, et la NSR doit s'arrêter tristement dans l'herbe qui borde la piste. Le pauvre Alex, cantonné au simple rang de spectateur, voit Kenny Roberts s'installer à cette place de leader qui était la sienne.

Derrière la Suzuki officielle, qui récupère en bonne logique cette victoire catalane, Norick Abe arrache la deuxième place à Valentino Rossi, quand même surprenant dans de pareilles conditions, et l'autre Suzuki de Nobuatsu Aoki. Les autres, beaucoup d'autres, connaîtront de gros soucis pour avoir fait le mauvais choix de pneus : chutes pour McWilliams, Gibernau, Criville, Garry McCoy ou Biaggi. Les plus prudents, comme Okada ou Régis Laconi, termineront complètement dans les choux pour éviter la catastrophe. Jürgen van den Goorbergh profite une fois encore des circonstances difficiles pour placer son V Twin en septième position. Kenny Roberts est bien évidemment le grand gagnant de ce week-end espagnol, qui le voit remporter sa troisième victoire cette année. Et comme Carlos Checa est tombé lui aussi, c'est donc la bagatelle de 25 points que Kenny Roberts reprend à l'Espagnol, qui partageait avec lui la première place au classement provisoire de la catégorie.

Kenny Roberts, ici dans la roue de Capirossi, va remporter en Espagne sa troisième victoire de la saison.

Remarquable première année en 500 pour Valentino Rossi : on le voit déja bien parti pour la saison prochaine.

250 première victoire pour Olivier Jacque

Après un début de saison raisonnable – « le championnat est long, très long », dit-il –, Olivier commence à passer la vitesse supérieure à partir de la Catalogne. Sur une piste encore humide (la pluie jouera un rôle essentiel sur ce circuit), il va vite faire partie des vainqueurs possibles de ce Grand Prix. Comme d'habitude, ils sont Japonais, Nakano et surtout Ukawa toujours à l'aise sur une piste mouillée, et Français, comme Olivier Jacque. Les autres prétendants paraissent bien vite hors du coup. Marcellino Lucchi est tombé tout de suite, Katoh n'a vraiment pas l'air d'apprécier la pluie et Waldmann, pourtant excellent aux essais, rate totalement son départ. Shinya Nakano est au début le plus brillant. Rapide, incisif, le jeune Japonais va mener pendant plusieurs tours sans pour autant lâcher Olivier Jacque, collé à sa roue arrière, et Tohru Ukawa, bien décidé à ne pas laisser s'enfuir les deux Yamaha d'usine. Olivier, au fil des tours, sent qu'il peut aller plus vite et larguer définitivement la Honda officielle. À trois tours de la fin, il porte une attaque imparable sur son coéquipier, qui ne peut rien faire, et prend le commandement avec Ukawa dans sa roue. Nakano, bel et bien battu, va devoir se contenter de la troisième place. Olivier va encore augmenter la cadence et prendre bien vite sur Ukawa une avance que le Japonais, sagement, ne cherchera pas à combler à tout prix. En trois tours seulement, OJ prend près de 8 secondes à la Honda et deux de plus à son coéquipier. Cette victoire catalane redonne, si besoin était, une totale confiance à Olivier, qui revient ainsi à égalité de points avec Katoh, quatrième sur le circuit de Catalogne, à quelques encablures de Nakano. Derrière les motos japonaises, les Aprilia italiennes ont été battues à la régulière. Leurs pilotes respectifs n'ont pourtant rien eu à se reprocher, mais il n'ont pu faire autre chose que de jouer, une fois encore, les seconds rôles. Franco Battaini, toujours excellent sur le mouillé, règle d'extrême justesse, et dans l'ordre, ses coéquipiers Melandri et Waldmann. ●

Hervé Poncharal peut embrasser son pilote : Olivier Jacque n'a pas raté sa course en Catalogne.

250 CLASSEMENT DU GP DE CATALOGNE

Tour le plus rapide : J. Vincent (R-U, Aprilia), 2'03"100 (138,238 km/h).

1	**Olivier Jacque**	Fra	Yamaha		48'23"116 (134,819 km/h)
2	Tohru Ukawa	Jap	Honda	à	4, 025
3	Shinya Nakano	Jap	Yamaha	à	8, 177
4	Daijiro Katoh	Jap	Honda	à	12, 811
5	Franco Battaini	Ita	Aprilia	à	12, 998
6	Marco Melandri	Ita	Aprilia	à	13, 161
7	Ralf Waldmann	All	Aprilia	à	46, 137
8	Noaki Matsudo	Jap	Yamaha	à	49, 412
9	Anthony West	Aus	Honda	à	49, 458
10	Jamie Robinson	R-U	Aprilia	à	56, 066

125

premier Grand Prix pour Sanna

La saison 2000 restera dans toutes les mémoires comme l'une des pires que nous ayons connues sur le plan météorologique : même en Espagne, où l'on était pourtant en droit d'attendre un peu de soleil, le « Continental Circus » a eu droit à des conditions beaucoup plus britanniques qu'ibériques. Après une nouvelle pole position pour Roberto Locatelli, la course est lancée sur une piste mouillée qui va entraîner une ribambelle de chutes, heureusement sans gravité. C'est d'abord Youichi Ui *himself* qui part en glissade dans le premier tour et entraîne avec lui son coéquipier Nieto fils. L'Espagnol réussira à repartir et terminera même dans les bons points, mais la course est terminée pour le pilote japonais. Lucio Cecchinello va profiter de la pagaille pour prendre la tête un instant, devant le Japonais Azuma, son compatriote Sanna et Alzamora, l'enfant du pays, qui aimerait bien briller ici devant les siens. C'est d'ailleurs le même Alzamora qui, en voulant prendre la tête au troisième tour, se retrouve lui aussi à plat ventre sur la piste. Mauvais week-end pour les pilotes espagnols, qui termineront tous dans les bacs à sable.

Au septième tour, le jeune Sanna est devant. Et pour un Toscan bon teint (il habite à quelques kilomètres du circuit de Mugello), Sanna se débrouille plus qu'honorablement sur le mouillé. Il va vite, très vite même, et lâche irrémédiablement tous ses adversaires pour passer finalement la ligne d'arrivée avec plus de dix secondes d'avance sur son suivant immédiat. Rarissime, en 125 ! Pour la deuxième place, loin derrière Sanna, c'est en fin de compte Masao Azuma qui se montrera le plus habile en l'arrachant à Borsoi et Arnaud Vincent. Le Français, dans des conditions humides qu'il ne déteste pas, va faire une course à la fois prudente et rapide qui lui permet de prendre la quatrième place sans jamais avoir pu briguer le podium. Randy De Puniet, l'autre Français, va faire preuve d'une obstination digne d'éloges. Après une première chute en début de course, il remontera en selle et tombera une nouvelle fois en revenant sur les hommes qui le précèdent. Les chutes ont d'ailleurs été, comme on pouvait le craindre, fort nombreuses : Locatelli, Cecchinello, Jenkner, De Angelis, Scalvini, etc. Mirko Giansanti, qui occupait avant le Grand Prix de Catalogne la tête du classement provisoire, n'a pas pris le départ de la course : victime d'une mauvaise chute pendant la première séance d'essais, il souffre d'une fracture du poignet. Ses plus dangereux adversaires – Locatelli, Alzamora et Ui – ne marquent, heureusement pour lui, aucun point en Catalogne.

125 CLASSEMENT DU GP DE CATALOGNE

Tour le plus rapide : P. Nieto (Esp, Derbi), 2'07"820 (133,134 km/h).

1	**Simone Sanna**	Ita	Aprilia		47'54"390 (130,246 km/h)
2	Masao Azuma	Jap	Honda	à	10, 770
3	Gino Borsoi	Ita	Aprilia	à	11, 012
4	Arnaud Vincent	Fra	Aprilia	à	32, 298
5	Reinhard Stolz	All	Honda	à	1'14" 098
6	Pablo Nieto	Esp	Derbi	à	1'23" 253
7	Max Sabbatani	Ita	Honda	à	1'27" 049
8	Antonio Elias	Esp	Honda	à	1'37" 000
9	Angel Nieto Jr	Esp	Honda	à	1'40" 199
10	Leon Haslam	R-U	Italjet	à	1'46" 951

Youichi Ui chute dès le premier tour et entraîne avec lui Pablo Nieto qui repartira pour finir sixième !

GP de HOLLANDE

ASSEN
6049 m

Nouveau Grand Prix marqué par des conditions météorologiques épouvantables. Cette saison 2000, décidément, sera celle de la pluie. En 125, le petit diable de Ui démontre une fois encore son exceptionnelle habileté à piloter une machine de course à l'extrême limite des conditions matérielles. Dans la classe intermédiaire, celle des deux et demie, c'est un autre virtuose du pilotage sur le fil qui l'emporte : Tohru Ukawa est vraiment l'homme à battre sous la pluie. Dans la catégorie reine enfin, Alex Barros a pris une éclatante revanche sur la malchance qui l'avait frappé quinze jours plus tôt en Catalogne.

500 CLASSEMENT DU GP DE HOLLANDE

Tour le plus rapide : M. Biaggi (Ita, Yamaha), 2'03"898 (175,760 km/h).

1	**Alex Barros**	Bré	Honda		42'46"142 (169,720 km/h)(*)
2	Alex Criville	Esp	Honda	à	2, 077
3	Loris Capirossi	Ita	Honda	à	2, 907
4	Max Biaggi	Ita	Yamaha	à	4, 880
5	Carlos Checa	Esp	Yamaha	à	7, 394
6	Valentino Rossi	Ita	Honda	à	11, 768
7	Sete Gibernau	Esp	Honda	à	12, 232
8	Régis Laconi	Fra	Yamaha	à	15, 397
9	J. V D Goorbergh	P-B	Honda	à	20, 905
10	Norick Abe	Jap	Yamaha	à	22, 156

(*) La course s'est déroulée en deux manches, suite à une interruption due à la pluie. Le classement s'est donc fait à l'addition des temps.

500
Alex Barros en deux temps

Épreuve mouvementée en 500 cc, interrompue par la pluie et disputée, donc, en deux temps bien distincts. Le premier incident de cette catégorie se passe d'ailleurs le matin même de la course. Loris Capirossi, qui avait été le plus rapide à l'issue des deux séances d'essais officiels, commet une petite erreur et chute bêtement pendant le warm up. Le bilan, malheureusement pour lui, s'avère lourd : fractures de deux petits os de la main gauche, qui ne vont pas, évidemment, lui faciliter la tâche pendant la course. C'est le leader du classement provisoire, Kenny Roberts, qui va se montrer le meilleur au départ, avant de commettre l'une des rares fautes de sa saison. Trop occupé, sans doute, à prendre ses distances

avec Barros et Okada, qui ne veulent pas lâcher, Roberts force un peu son talent et se retrouve par terre sans pouvoir reprendre la course. Les deux Honda, du coup, sont en tête.
Le Brésilien, avec autorité, prend le commandement devant Tadayuki Okada lorsque la pluie décide d'ajouter sa petite note personnelle au déroulement de l'épreuve. À juste titre, la course est interrompue, et chacun se rue dans son box pour changer de pneus avant de prendre un second départ. Et là, surprise, c'est Valentino Rossi qui se montre le plus brillant devant Sete Gibernau et Régis Laconi. Le pilote italien, on le sait, ne cache pas sa profonde aversion pour les pistes mouillées. Il saura mal, d'ailleurs, résister aux attaques de ce qui sera le tandem de pointe de cette « seconde manche » : les deux Alex, Criville et Barros, qui vont faire toute la course ensemble avec comme objectif la victoire de cette seconde partie et celle, réelle, de ce Grand Prix de Hollande. Alex Barros, qui était passé bien près de la victoire il y a quinze jours en Espagne, ne va pas commettre la moindre faute. Il sait que le classement de la première partie de la course lui donne un avantage de 2 secondes sur Alex Criville et va se borner à rester collé à la roue du champion en titre, qui remporte cette seconde course, mais laisse au Brésilien la première place du Grand Prix. Loris Capirossi, que sa main gauche devait faire durement souffrir à la fin de l'épreuve, réussira le petit exploit de conserver la troisième place d'un Grand Prix faussé par le temps.

Éliminé par la mécanique en Catalogne, Alex Barros (en haut) prend une très belle revanche sur le tracé d'Assen.

Régis Laconi précède ici Sete Gibernau. À l'arrivée, l'Espagnol réussira à prendre le meilleur sur le Français.

250
Ukawa, comme prévu

Sous les parapluies qui ont remplacé les ombrelles sur la ligne de départ, les commentaires vont bon train : le circuit Van Drenthe est détrempé, et la course des deux et demie va faire la part belle aux acrobates de la catégorie. Un nom, évidemment, circule sur toutes les lèvres : celui de Tohru Ukawa, l'officiel Honda, qui a maintes fois démontré qu'il pouvait être un adversaire redoutable sous la pluie. Le début de course est toutefois animé par deux autres officiels, Shinya Nakano et Olivier Jacque, qui vont un court instant précéder les trois Honda officielles d'Ukawa, de West et de Katoh, dans cet ordre. Rapidement toutefois, Tohru Ukawa double les deux Yamaha en entraînant dans sa roue son coéquipier Anthony West.

Les deux pilotes de l'écurie Advance sont alors en tête et commencent un duel au couteau assez étonnant. Tohru Ukawa, en effet, vise ouvertement le titre mondial avec, en bonne logique, des chances plus réelles que celles de son équipier. Il serait donc logique que West, en bon camarade, laisse passer la Honda numéro 4. Mais il n'en est rien : manifestement survolté malgré les douches froides qui dégringolent sur Assen, Anthony West s'accroche comme un diable et prend même à plusieurs reprises la tête de la course. Pendant la moitié de l'épreuve, les deux Honda, carénage contre carénage, vont frôler les limites de l'adhérence dans chacune des courbes du circuit. Les deux pilotes se doublent et se redoublent en faisant frémir d'inquiétude les responsables de l'écurie. Ce n'est qu'après la mi-course que Tohru Ukawa réussira à donner le petit coup de rein qui va lui permettre de prendre quelques mètres à son coéquipier et de s'acheminer, à son rythme, vers une victoire annoncée.

Car ce type de bagarre, dans de pareilles conditions, n'est pas propice aux chronos impressionnants. Dans leur petit duel en tête à tête, les deux pilotes Honda se sont souvent gênés et ont ainsi permis à Olivier Jacque de revenir sur ses adversaires. À quelques minutes de la fin, OJ double sans rémission Anthony West, sans doute épuisé par son début de course époustouflant. Le pilote français, pour autant, ne cherchera pas à rejoindre Ukawa, qui, dira-t-il après la course, « n'était pas aujourd'hui son vrai rival ». Shinya Nakano lui aussi parviendra à doubler Anthony West et montera ainsi sur la troisième marche du podium. Au classement provisoire dans la catégorie, les deux pilotes de l'écurie Tech 3 occupent les deux premières places. Mais Nakano, en cette mi-saison, ne compte plus que 4 points d'avance sur Olivier Jacque. À noter que les pilotes officiels Aprilia avaient fait à Assen un

Lutte fratricide entre le Japonais Ukawa et l'Australien West dans l'humidité d'Assen. C'est le Japonais qui va s'imposer en Hollande.

audacieux pari : prendre le départ avec des pneus slicks retaillés. Mal leur en prit ! Ralf Waldmann terminera à deux tours du vainqueur – du jamais vu pour l'Allemand – et Marco Melandri fera un arrêt à son stand pour changer de pneus. Il reprendra la piste, sans aucune chance, pour trouver les bons réglages de la moto sous la pluie. À signaler, enfin, la belle performance de Vincent Philippe, qui a fait preuve dans ces conditions difficiles d'une adresse remarquable. Il termine en dixième position, sa meilleure performance depuis le début de la saison, tout près de son camarade d'écurie, Daijiro Katoh, huitième.

250 CLASSEMENT DU GP DE HOLLANDE

Tour le plus rapide : S. Nakano (Jap, Yamaha), 2'18"667 (157,040 km/h).

1	**Tohru Ukawa**	Jap	Honda		42'58"958 (151,989 km/h)
2	Olivier Jacque	Fra	Yamaha	à	5, 954
3	Shinya Nakano	Jap	Yamaha	à	7, 986
4	Anthony West	Aus	Honda	à	10, 981
5	Noaki Matsudo	Jap	Yamaha	à	41, 983
6	Jamie Robinson	R-U	Aprilia	à	46, 491
7	Sebastian Porto	Arg	Yamaha	à	47, 470
8	Daijiro Katoh	Jap	Honda	à	1'00, 943
9	Roberto Rolfo	Ita	Aprilia	à	1'08, 157
10	Vincent Philippe	Fra	Honda	à	1'17, 561

125
troisième victoire pour le Derbi officiel

L'écurie espagnole Derbi a réellement frôlé l'exploit, à Assen, dans des conditions climatiques, répétons-le, parfaitement infâmes. Youichi Ui, et ce n'est pas la première fois cette saison, affiche dès les essais des ambitions on ne peut plus légitimes. Il signe la pole position et fait d'entrée de jeu figure de favori logique. Personne dans le petit monde de la 125 n'a en effet oublié sa course l'an dernier au Japon, dans des conditions similaires. Ui, aux commandes d'une moto inconnue – c'était sa deuxième course ! – y avait pris une formidable troisième place qui l'avait fait admettre, pour son coup d'essai, parmi les grands de la catégorie. Cette fois encore, dans le crachin glacé qui enveloppe le tracé hollandais, Youichi va signer une authentique performance. Car très vite, c'est lui qui émerge du paquet d'embruns qu'il faut bien appeler le peloton des 125. Et ses petits camarades ne vont pas être longs à comprendre qu'ils ne le reverront plus. Dès qu'il prend le commandement, en effet, Ui n'est plus gêné par personne, et sa visibilité n'est plus diminuée par le brouillard opaque soulevé par les pneus pluie. En quelques tours, il prend près de quinze secondes d'avance et suscite, dans son stand, une saine inquiétude. Giampiero Sacchi, le chef d'écurie de Derbi, lui fait panneauter un « OK » que comprend parfaitement le pilote japonais. Il passera toute la seconde partie de la course à gérer cette avance et signera, presque facilement, sa troisième victoire de la saison. Le tandem Derbi-Ui, à l'évidence, est devenu diablement efficace.

De Puniet derrière Alzamora : le Français chutera dans le sixième tour.

Mais un Derbi peut en cacher un autre : Manuel Poggiali, le jeune pilote italien du team, est lui aussi à l'aise sur le mouillé. Pendant une bonne partie de la course, en deuxième position, il laisse espérer un doublé historique qui serait une grande première pour l'équipe. L'ennui, pour Derbi, c'est qu'un autre Japonais va se montrer très à l'aise sous les trombes d'eau d'Assen : Noburu Ueda, le doyen de la catégorie. Il loupe complètement son départ et met un certain temps pour s'extraire du peloton, mais sa remontée, alors, est tout simplement remarquable. En signant au passage le record de la course en 2'24"177, Ueda va doubler tout le monde et se retrouver, dans le dernier tour, avec Poggiali en point de mire. Il passera l'Italien dans la dernière chicane et franchira la ligne d'arrivée avec seulement quatre dixièmes de seconde d'avance sur son adversaire. Arnaud Vincent, qui apprécie pourtant ces conditions particulières, ne pourra faire mieux que treizième à cause d'un problème d'échappement, et Randy De Puniet, avant de chuter au sixième tour, pouvait raisonnablement viser une place sur ce podium hollandais.

125 CLASSEMENT DU GP DE HOLLANDE

Tour le plus rapide : N. Ueda (Jap, Honda), 2'24"177 (151,039 km/h).

1	**Youichi Ui**	Jap	Derbi		42'04"508 (146,641 km/h)
2	Noburu Ueda	Jap	Honda	à	2, 380
3	Manuel Poggiali	Rsm	Derbi	à	2, 781
4	Lucio Cecchinello	Ita	Honda	à	18, 203
5	Simone Sanna	Ita	Aprilia	à	24, 482
6	Roberto Locatelli	Ita	Aprilia	à	25, 449
7	Steve Jenkner	All	Honda	à	26, 179
8	Ivan Goi	Ita	Honda	à	34, 507
9	Masao Azuma	Jap	Honda	à	40, 846
10	Angel Nieto Jr	Esp	Honda	à	41, 000

GP d'ANGLETERRE

DONINGTON PARK
4023 m

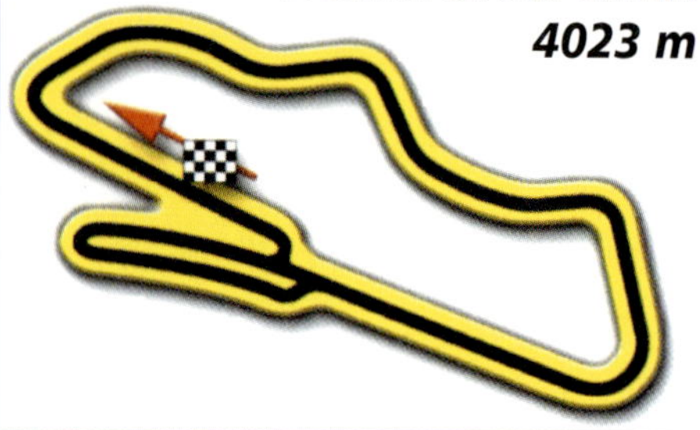

Les Grands Prix se suivent et, au moins en ce qui concerne les conditions météorologiques, se ressemblent étrangement : après les déluges hollandais, Donington nous a offert des « douches britanniques » qui ont bien évidemment perturbé quelque peu le déroulement des courses. Youichi Ui réédite son exploit d'Assen en 125 ; Olivier Jacque frôle d'un fil la victoire en deux et demie, et c'est Valentino Rossi, à la surprise quasi générale, qui remporte sous la pluie son premier Grand Prix dans la catégorie 500.

500
premier Grand Prix 500 pour Valentino Rossi

Qui aurait pu prévoir que Valentino Rossi allait remporter son premier Grand Prix en 500 sous la pluie, lui qui déteste ces conditions météo ? C'est pourtant le petit exploit qu'a réussi, en Angleterre, le pilote italien qui est sans doute, aujourd'hui, l'homme le plus talentueux de tout le plateau 500. C'est sur un circuit encore bien mouillé après les averses de l'épreuve des 250 qu'est donné le départ des

500 CLASSEMENT DU GP D'ANGLETERRE

Tour le plus rapide : G. McCoy (Aus, Yamaha), 1'39"895 (144,980 km/h).

1	**Valentino Rossi**	Ita	Honda		52'37"246 (137,614 km/h)
2	Kenny Roberts	É-U	Suzuki	à	0, 395
3	Jeremy McWilliams	R-U	Aprilia	à	0, 944
4	Loris Capirossi	Ita	Honda	à	23, 037
5	J. V D Goorbergh	P-B	Honda	à	25, 574
6	Norick Abe	Jap	Yamaha	à	27, 052
7	Alex Criville	Esp	Honda	à	29, 617
8	Sete Gibernau	Esp	Honda	à	30, 166
9	Max Biaggi	Ita	Yamaha	à	30, 873
10	Tadayuki Okada	Jap	Honda	à	31, 584

500. Régis Laconi, sans trop comprendre comment, se retrouve en tête devant Barros, pole position, Gibernau, Abe, Roberts et McWilliams. Mais le Français manque de confiance en lui. « Quand je me suis retrouvé tout seul devant, dira-t-il après l'arrivée, je ne savais pas quel rythme adopter, car je n'avais aucune idée de l'adhérence de la piste. » Régis se laissera ainsi rejoindre et passer par Gibernau et Abe, puis par Kenny Roberts, qui va prendre la tête au neuvième tour. La première surprise de cette course est certainement Jeremy McWilliams, qui tire le maximum de son Aprilia et réussit à passer Barros pour prendre la deuxième place. Un peu plus loin, deux hommes sont également revenus après un départ raisonnable : Nobuatsu Aoki et Valentino Rossi. Au dix-septième tour, Aoki chute et McWilliams, pour la plus grande joie du public, attaque avec succès Kenny Roberts : le Britannique, sur son V2, est en tête de son Grand Prix national !

Rossi, lui, accumule les tours rapides. À huit tours de la fin, il double Kenny Roberts, et les deux hommes se lancent à l'attaque de McWilliams, qu'ils vont rejoindre dans l'avant-dernier tour et doubler dans le dernier. Roberts tentera, sans succès, de ravir la première place à Valentino, qui s'accroche jusqu'au bout et remporte, dans des conditions qu'il est loin d'affectionner, sa première course en 500 devant Roberts et McWilliams. Les trois hommes sont classés dans la même seconde, alors que le troisième, Loris Capirossi, est à plus de vingt-trois secondes. Régis Laconi, longtemps dans le bon groupe, a fait une petite erreur alors qu'il occupait la cinquième place et se retrouve beaucoup plus loin au classement, en douzième position. Bon dimanche pour Kenny, qui prend le large au classement provisoire, puisque son suivant immédiat, Carlos Checa, n'a guère brillé sous le ciel anglais. Il se contente de la onzième place, derrière Tadayuki Okada, et perd ainsi 15 points par rapport au Californien.

Rossi, qui fait ici l'intérieur à McWilliams, devait remporter sa première course en 500 sous la pluie. Qui aurait pu le prévoir ?

250

Waldmann fait le bon choix, Olivier la bonne affaire

Course étrange que celle des 250 à Donington. Disputée dans des conditions météo épouvantables, elle a connu des renversements de situation insensés dont s'est fort bien tiré, en fin de compte, notre « possible » champion du monde 2000. Il faut dire qu'Olivier Jacque a fait preuve, à Donington, d'un sang-froid et d'une maîtrise assez étonnants. Pendant les essais, OJ se montre le plus vite et signe à Donington sa première pole position de la saison, à quelques millièmes de seconde de son coéquipier Nakano, toujours leader du classement provisoire de la catégorie. Le Japonais va d'ailleurs commettre, pendant le warm up de dimanche matin, l'une de ces erreurs étonnantes à pareil niveau : il chute sans raison apparente, se fracture le petit doigt de la main gauche et, surtout, souffre de graves contusions dans le dos qui vont cruellement le handicaper pendant la course. Hervé Poncharal, le team manager de Tech 3, analyse clairement la situation : « Shinya chute très peu lorsqu'il attaque, dit-il. En revanche, il tombe lorsqu'il n'est pas concentré. C'est ce qui s'est passé au Mugello, au warm up à Barcelone et ici. Il chute à des moments où l'on ne s'y attend pas de la part d'un pilote de son niveau. » Shinya, après la course, tirera lui aussi les conclusions de cette chute stupide : « Ce n'est pas mon doigt qui m'a le plus gêné, mais mon dos. J'avais mal partout, j'étais bloqué et je ne pouvais plus bouger sur la moto. » C'est dans des conditions météo pour le moins incertaines qu'est donné le départ de la course. La pluie, qui a largement arrosé les 125, a cessé, mais la piste reste mouillée et glissante : le choix des pneus va s'avérer déterminant. Olivier, lui, opte pour la solution intermédiaire : un pneu pluie à l'avant et un slick retaillé à l'arrière. D'autres vont jouer l'optimisme en partant en slicks, d'autres enfin le pessimisme en partant en pneus pluie. Au départ, et comme souvent dans de pareilles conditions, c'est Tohru Ukawa le plus rapide, avec deux Britanniques et un Français dans sa roue : Jason Vincent, Jamie Robinson et Olivier Jacque. Mais le Français, rapidement, va montrer le plus de détermination et d'habileté pour aller vite sur une piste mouillée. Il prend la tête au troisième tour et n'a plus derrière lui qu'un seul prétendant à la victoire. Il s'appelle Ukawa, mais semble avoir,

Ralf Waldmann a fait le meilleur choix de pneus. En fin de course, il reprenait plus de douze secondes à Olivier Jacque, contraint de s'incliner dans les dernières secondes de la course.

ce jour-là, trouvé plus fort que lui sur le mouillé. L'avance d'Olivier augmente à chaque tour. Peu après la mi-course, il semble évident que le Français a course gagnée, lorsque la pluie se remet à tomber à seaux et transforme la piste de Donington en une sorte de patinoire diabolique qui fait très vite ses premières victimes : Robinson chute, Vincent fait un tout droit, mais parvient à reprendre la piste et Olivier, slick à l'arrière oblige, doit calmer le jeu. On pense alors que son avance est telle qu'il conservera malgré tout la première place.

C'est sans compter avec ceux dont on dira, après coup, qu'ils ont fait le bon choix. Ralf Waldmann et Noaki Matsudo, avec leurs pneus pluie, ont été tout simplement inexistants en début de course. Mais lorsque le circuit n'est plus qu'une vaste flaque d'eau, les pneus pluie font merveille. Waldmann, avec la Yamaha dans sa roue, reprend la bagatelle de 12 secondes au tour à Olivier. Et ce qui semblait impossible dix minutes plus tôt est en train de se réaliser. Ralf remonte sur Olivier, qui ne peut plus prendre d'angle ni accélérer normalement. Au prix d'un freinage impressionnant, dans le dernier tour, le pilote allemand revient à hauteur du Français dans le dernier virage, qui n'est qu'à 200 mètres de la ligne d'arrivée. Les deux motos sont côte à côte, mais c'est Waldmann qui ouvre en grand et passe Olivier à quelques mètres de la ligne. Les deux hommes, sur les temps officiels, ne seront séparés que de 344 millièmes de seconde ! Mais en résistant à l'envie de résister, si l'on peut dire, Olivier Jacque fait quand même en Angleterre une très bonne affaire. Avec Matsudo intercalé entre lui et Ukawa, Vincent et Debon, Shinya Nakano ne termine qu'en septième position et c'est lui, Olivier, qui se retrouve en tête du classement provisoire avec 7 points d'avance sur son camarade d'écurie.

250 CLASSEMENT DU GP D'ANGLETERRE

Tour le plus rapide : J. Robinson (R-U, Aprilia), 1'39"886 (144,993 km/h).

1	**Ralf Waldmann**	All	Aprilia		49'41"073 (131,172 km/h)
2	Olivier Jacque	Fra	Yamaha	à	0, 344
3	Noaki Matsudo	Jap	Yamaha	à	1, 609
4	Tohru Ukawa	Jap	Honda	à	6, 909
5	Jason Vincent	R-U	Aprilia	à	22, 714
6	Alex Debon	Esp	Aprilia	à	43, 663
7	Shinya Nakano	Jap	Yamaha	à	47, 345
8	Johan Stigefelt	Sue	Aprilia	à	1'12, 409
9	David Checa	Esp	Honda	à	1'13, 408
10	Daijiro Katoh	Jap	Honda	à	1'23, 370

125
Youichi Ui remet ça !

Comme le constate crûment mais avec lucidité Arnaud Vincent, « les week-ends de merde se suivent et se ressemblent ». L'épreuve de Donington des 125, comme les autres, devait subir les vicissitudes d'une météo déplorable, qui semble cette année s'acharner sur le Championnat du monde. À l'issue des deux séances qualificatives, Youichi Ui est une fois de plus l'auteur de la pole position devant Noburu Ueda, Lucio Cecchinello et le tenant du titre, Emilio Alzamora. Le petit Japonais va parfaitement confirmer sa forme actuelle en prenant immédiatement le commandement devant Alzamora, Cecchinello et Locatelli. Ui impose alors une cadence qu'Alzamora, seul, est capable de suivre. Cecchinello est le premier lâché et même Locatelli éprouve des difficultés à coller aux deux hommes de tête. Pendant plus de six tours, les positions ne changent pas : Ui est devant Alzamora, et Locatelli n'arrive pas à rattraper les deux hommes lorsque tombent les premières gouttes de pluie.

C'est le désormais classique changement de pneus et, une demi-heure plus tard, un nouveau départ qui voit une fois encore Youichi Ui se montrer le plus rapide devant Alzamora. Cette fois, en revanche, deux autres larrons viennent se mêler à la lutte : Noburu Ueda, dans un premier temps, puis Masao Azuma, qui passe le champion en titre ; celui-ci ne lâche pas prise pour autant. À mi-course, les trois Japonais se battent pour la première place. Alzamora est là en observateur privilégié, prêt à profiter de la moindre occasion. Ui, qui sait être en tête au classement de la première partie de la course, semble se contenter de cette bagarre à trois qui lui donnerait la victoire finale. Et même quand Alzamora vient se mêler à la lutte, le pilote Derbi ne s'affole pas. Et il a raison : car si Azuma arrache finalement la première place pour quelques dizaines de centimètres, Ui conserve la tête au cumul des deux courses. L'écart n'a rien de fabuleux : 752 millièmes de seconde sur Alzamora, qui s'est battu comme un diable jusqu'au bout.

125 CLASSEMENT DU GP D'ANGLETERRE

Tour le plus rapide : M. Azuma (Jap, Honda), 1'39"077 (146,177 km/h).

1	**Youichi Ui**	Jap	Derbi		43'26"374 (144,363 km/h)
2	Emilio Alzamora	Esp	Honda	à	0, 752
3	Noburu Ueda	Jap	Honda	à	3, 104
4	Roberto Locatelli	Ita	Aprilia	à	3, 691
5	Masao Azuma	Jap	Honda	à	4, 181
6	Mirko Giansanti	Ita	Honda	à	4,3 58
7	Lucio Cecchinello	Ita	Honda	à	14, 117
8	Jaroslav Hules	Tch	Italjet	à	14, 609
9	Angel Nieto	Esp	Honda	à	28, 730
10	Randy De Puniet	Fra	Aprilia	à	35, 300

Ueda mène devant Ui dans la deuxième partie de la course. Mais Ui l'emportera au cumul des temps.

GP d'ALLEMAGNE

Ui, Jacque et Barros : voici le tiercé gagnant de ce Grand Prix d'Allemagne disputé encore une fois sur ce circuit du Sachsenring, étroit et sinueux, qui privilégie sans aucun doute le pilotage à la puissance pure. Vainqueurs en Hollande et en Angleterre, Youichi Ui et son Derbi remportent une troisième victoire consécutive en 125. Chez les quarts de litre, OJ a tout simplement survolé les débats, et Alex Barros, manifestement en grande forme en ce moment, enlève son deuxième Grand Prix de la saison devant Valentino Rossi et Kenny Roberts, qui fait pourtant, de plus en plus, figure de favori pour le titre.

500 CLASSEMENT DU GP D'ALLEMAGNE

Tour le plus rapide : T. Okada (Jap, Honda V4), 1'23"918 (150,489 km/h).

1	**Alex Barros**	Bré	Honda		43'54"632 (148,594 km/h)
2	Valentino Rossi	Ita	Honda	à	0, 078
3	Kenny Roberts	É-U	Suzuki	à	0, 864
4	Max Biaggi	Ita	Yamaha	à	1, 263
5	Tadayuki Okada	Jap	Honda	à	1, 674
6	Loris Capirossi	Ita	Honda	à	3, 014
7	Régis Laconi	Fra	Yamaha	à	13, 606
8	Sete Gibernau	Esp	Honda	à	13, 917
9	Carlos Checa	Esp	Yamaha	à	14, 019
10	Garry McCoy	Aus	Yamaha	à	20, 085

500
nouvelle victoire pour Alex Barros

Le circuit du Sachsenring, on le sait, ne fait pas la part belle aux seules vitesse et puissance. Le « tourniquet », comme disent ceux qui n'aiment pas le tracé de l'ex-Allemagne de l'Est, devrait donc être plutôt favorable à la Suzuki officielle, toujours plus à l'aise quand la vitesse de pointe n'est plus le seul critère essentiel. L'année dernière, d'ailleurs, Kenny Roberts avait triomphé ici devant la NSR du futur champion du monde, Alex Criville. Cette fois encore, le tandem Suzuki-Roberts prend le commandement de la course, sans pour autant parvenir à creuser le trou. Car derrière lui, on s'accroche : Loris Capirossi, d'abord, puis, dès le quatrième tour, Alex Barros, qui confirme une fois encore ses excellentes dispositions actuelles.

Le Californien, pourtant, profite au maximum des qualités de sa moto, qui lui permettent notamment de ressortir un peu plus vite des nombreux virages que compte le Sachsenring. Mais Barros, juste derrière lui, avec Capirossi dans sa roue, maintient toute la pression sur la Suzuki d'usine. Un quatrième larron, au fil des tours, viendra lui aussi se mêler à la fête. Il s'appelle Valentino Rossi et n'est passé, au premier tour, qu'en seizième position. Mais avec ce style incisif qui fait tout son charme, le

jeune Italien a littéralement « avalé » tous ceux qui le séparaient du trio de tête. Au septième tour, Kenny Roberts baisse les bras et laisse passer Barros. L'Américain a alors fort à faire avec Capirossi, qui voudrait bien lui aussi le passer, Tadayuki Okada, qui a bien recollé, et Valentino Rossi, qui continue à attaquer avec un bel enthousiasme. Celui-ci va d'abord passer Okada puis Capirossi, avant de se retrouver dans la roue de Roberts, qu'il double presque facilement, puis de mettre la pression sur Barros. À cinq tours de la fin de la course, Rossi est en tête et l'on se demande s'il ne va pas rééditer, sur le sec, sa victoire anglaise sur le mouillé. Mais répétons-le, en Allemagne, Alex Barros est en très grande forme. Et c'est dans les ultimes minutes de la course, talonné par Kenny Roberts, qui ne cède pas lui non plus, qu'il arrive à reprendre à Rossi une première place qu'il conservera d'un fil sur la ligne d'arrivée.

Valentino est deuxième à 0,078 seconde et Kenny troisième à 0,864 ! Max Biaggi souffle dans les dernières secondes la quatrième place à Tadayuki Okada, et Régis Laconi finit en septième position derrière Capirossi. Bien que Kenny Roberts s'affirme de plus en plus comme le très possible champion du monde 2000, on note que Valentino Rossi lui reprend cinq petits points qui, sans être déterminants, réduisent d'autant l'écart qui sépare les deux pilotes. Il est vraiment dommage que Valentino ait totalement raté les deux premières courses de la saison, en Afrique du Sud et en Malaisie : contre toute attente, c'est bien lui, et lui seul, qui paraît cette année le plus à même de contrer Roberts dans la course au titre mondial.

Rossi prendra un moment l'avantage mais devra s'incliner devant le pilote brésilien.

Alex Barros est aujourd'hui l'un des pilotes les plus expérimentés dans la catégorie 500. Il fait cette année une saison tout à fait exceptionnelle.

250 le jour d'Olivier Jacque

On peut raisonnablement affirmer, au soir de ce Grand Prix d'Allemagne, que notre meilleure chance de titre mondial cette année a réussi le sans-faute absolu sur le circuit du Sachsenring. Sur un tracé qui convient tout autant à ses qualités qu'à celles de sa moto, Olivier va inscrire son nom dans toutes les rubriques flatteuses d'un Grand Prix : pole position, victoire en course et record du tour. Ses adversaires ordinaires, le trio japonais Nakano-Katoh-Ukawa, ne pourront ce jour-là que constater la supériorité manifeste du Français. Tohru Ukawa sera le plus acharné à prendre la roue d'Olivier avant de décider qu'une bonne deuxième place est toujours préférable à une mauvaise gamelle. Nakano, lui non plus, ne tentera pas l'impossible. Après s'être débarrassé de Marco Melandri, qui commence à rouler à la cadence des meilleurs, l'autre pilote de l'écurie Tech 3 se contentera de contrer les attaques de Daijiro Katoh sur la deuxième Honda officielle.

À l'arrivée, le bilan est parfaitement évident : Olivier Jacque passe en tête sous le drapeau final avec onze secondes d'avance sur Ukawa, vingt et une sur Nakano et plus de trente sur Katoh. Sans commentaire... L'autre exploit de ce Grand Prix d'Allemagne est à mettre au crédit du « local de l'étape », Ralf Waldmann, pris dans un accrochage stupide dès les premières secondes de la course avec Anthony West, Vincent Philippe et Jason Vincent. L'Allemand, bien énervé, remontera très vite sur sa moto et commencera alors une remontée assez remarquable : trente et unième à la fin du premier tour, le pilote Aprilia terminera en fin de compte à une huitième place tout à fait étonnante dans de pareilles conditions. Au classement provisoire du Championnat du monde, Olivier conforte évidemment sa position de leader, devant son coéquipier de chez Tech 3. Tout se passe pour le mieux, en cet an de grâce 2000, pour Hervé Poncharal et sa petite équipe. Un mot enfin sur Sébastien Gimbert, qui signe sur le Sachsenring une fort belle course qui lui permet de terminer à la treizième place.

Grand Prix d'Allemagne en tous points admirable pour Olivier Jacque, vainqueur sans aucun doute possible.

250 CLASSEMENT DU GP D'ALLEMAGNE

Tour le plus rapide :
O. Jacque (Fra, Yamaha), 1'23"575 (151,107 km/h).

1	**Olivier Jacque**	Fra	Yamaha	42'15"207 (149,441 km/h)
2	Tohru Ukawa	Jap	Honda	à 11, 689
3	Shinya Nakano	Jap	Yamaha	à 21, 810
4	Daijiro Katoh	Jap	Honda	à 30, 105
5	Klaus Nöhles	All	Aprilia	à 31, 781
6	Roberto Rolfo	Ita	Aprilia	à 32, 291
7	Franco Battaini	Ita	Aprilia	à 33, 336
8	Ralf Waldmann	All	Aprilia	à 49, 750
9	Sebastian Porto	Arg	Yamaha	à 50, 214
10	Anthony West	Aus	Honda	à 54, 596

125

et de trois pour Derbi !

Giampiero Sacchi, le team manager de l'écurie Derbi, peut être satisfait : sa petite moto rouge et son petit pilote jaune marchent bien. Très bien, même. Après deux victoires incontestables sous la pluie en Hollande puis en Angleterre, le Japonais s'est montré tout aussi brillant dans les courbes serrées, mais sèches, du tracé allemand. Dès les essais, et pour une fois dans des conditions climatiques à peu près normales, Ui signe la pole position devant celui que certains continuent à considérer comme le plus rapide dans la catégorie, Roberto Locatelli. Le pilote Aprilia, qui bénéficie de quelques petites améliorations maison concoctées par l'usine, s'incline de peu derrière la moto espagnole. C'est pourtant le coéquipier de Roberto qui va prendre un instant le commandement : Simone Sanna, sur le Sachsenring, se montre particulièrement en verve jusqu'à ce que Ui ne décide que ses pneus sont enfin en température et qu'il peut attaquer. Au deuxième passage, c'est lui qui est devant et impose une cadence infernale qui lui permet de creuser irrémédiablement l'écart. Derrière lui, les deux Aprilia du team Diesel vont pourtant faire l'impossible. Locatelli, notamment, se montre particulièrement incisif, sans pour autant réussir à recoller le petit Japonais. Au classement provisoire au Championnat du monde, cette nouvelle victoire de Ui devant Locatelli l'installe à la première place à cinq épreuves de la fin. Mais Roberto, qui ne compte que 5 points de retard, conserve évidemment toutes ses chances.

En fait, le vrai perdant de ce Grand Prix d'Allemagne, c'est Emilio Alzamora, le champion du monde en titre. Après un piètre départ, l'Espagnol sort le grand jeu pour recoller tous ceux qui veulent lui prendre son titre. Mais il en fait un peu trop et chute dans le deuxième tour avec Gino Borsoi et son compatriote Antonio Elias. Du même coup, Emilio se retrouve à 35 points du pilote japonais et commence à se poser de sérieuses questions sur son avenir immédiat. En ce qui concerne les Français, mauvais jour pour De Puniet, qui casse et doit se retirer ; bon dimanche pour Arnaud Vincent, qui reviendra du fond du peloton à une bonne quatrième place très près de Simone Sanna. ●

Nouvelle victoire pour Youichi Ui qui commence à penser que le titre 2000 est à sa portée.

Simone Sanna fait d'ores et déjà figure de favori pour la saison 2001.

125 CLASSEMENT DU GP D'ALLEMAGNE

Tour le plus rapide :
Y. Ui (Jap, Derbi), 1'26"150 (146,590 km/h).

1	**Youichi Ui**	Jap	Derbi		42'02"197 (145,204 km/h)
2	Roberto Locatelli	Ita	Aprilia	à	7, 530
3	Simone Sanna	Ita	Aprilia	à	17, 306
4	Arnaud Vincent	Fra	Aprilia	à	18, 655
5	Mirko Giansanti	Ita	Honda	à	18, 794
6	Ivan Goi	Ita	Honda	à	27, 896
7	Pablo Nieto	Esp	Derbi	à	33, 535
8	Gianluigi Scalvini	Ita	Aprilia	à	33, 767
9	Angel Nieto Jr	Esp	Honda	à	34, 131
10	Steve Jenkner	All	Honda	à	40, 321

GP de République TCHÈQUE

AUTODROM BRNO
5403 m

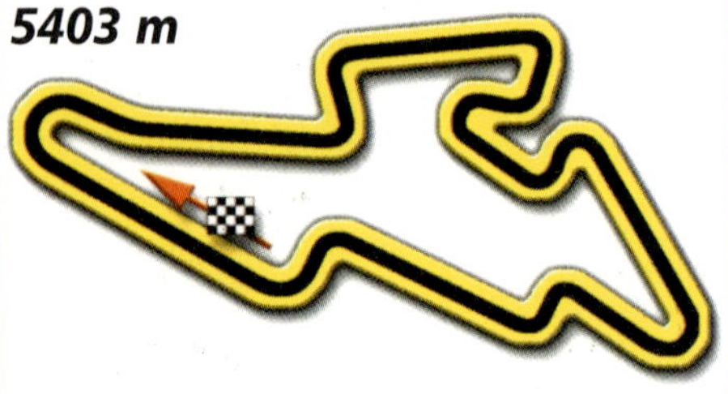

Belle victoire en 125, à Brno, pour Roberto Locatelli, qui revient ainsi à cinq petits points de Youichi Ui, deuxième en Tchéquie. Nette victoire de Shinya Nakano devant Tohru Ukawa et Olivier Jacque en 250 et, surtout, magnifique retour sur le devant de la scène de Max Biaggi et de sa Yamaha en 500. À Brno, sur un circuit qu'il apprécie particulièrement et qui lui a déjà fort bien réussi par le passé, le Romain est enfin redevenu lui-même : dominateur, sûr de lui, triomphant. En un mot, impérial...

500 CLASSEMENT DU GP DE LA REP. TCHÈQUE

Tour le plus rapide : M. Biaggi (Ita, Yamaha), 2'02''854 (158,324 km/h).

1	**Max Biaggi**	Ita	Yamaha		45'31''918 (156,636 km/h)
2	Valentino Rossi	Ita	Honda	à	6, 641
3	Garry McCoy	Aus	Yamaha	à	8, 627
4	Kenny Roberts	É-U	Suzuki	à	12, 106
5	Loris Capirossi	Ita	Honda	à	16, 083
6	Sete Gibernau	Esp	Honda	à	22, 388
7	Alex Criville	Esp	Honda	à	22, 640
8	Nobuatsu Aoki	Jap	Suzuki	à	22, 830
9	Jeremy McWilliams	Gbr	Aprilia	à	23, 002
10	Tadayuki Okada	Jap	Honda	à	24, 525

500
le retour de l'« Empereur »

Max Biaggi, ce n'est un secret pour personne, a toujours apprécié le circuit de Brno, sur lequel il a déjà maintes fois gagné. Le tracé tchèque, au demeurant l'un des plus beaux du monde, convient parfaitement au style du Romain, qui a signé ici quelques courses dont il peut être fier. Max Biaggi et son équipe, comme les gens de chez Aprilia en 125, n'ont pas passé l'été à se faire bronzer. Sous la houlette de Geoff Crust, le team manager

de l'équipe, tout ce petit monde s'est rendu à Mugello – un autre circuit que Max affectionne – pour travailler sérieusement sur la Yamaha YZR. « Nous avions besoin, dit Biaggi, de passer du temps à travailler sur le moteur, sur le châssis et sur les pneus, particulièrement parce qu'il a beaucoup plu cette saison. Nous avons aussi beaucoup travaillé l'arrivée de la puissance et le comportement du moteur. Cela reste une priorité avec la Yamaha. » Visiblement, ces séances privées à Mugello n'ont pas été inutiles. Le Romain, dès les premiers essais non qualificatifs, commence à aligner des chronos qu'il confirmera brillamment pendant tout le week-end.

Samedi après-midi, c'est lui qui occupe la pole position devant Capirossi, Roberts et McCoy, qui vont donc partager avec lui la première ligne sur la grille de départ. Dimanche, à l'issue du tour de formation, petit coup de théâtre sur la ligne de départ : les mécaniciens se ruent vers

le stand Yamaha et reviennent avec deux pneus qu'ils montent en toute hâte sur la moto de Biaggi. « J'ai changé de pneus après le tour de formation, dit l'Italien, parce que j'avais remarqué qu'ils ne se comportaient pas bien. Pour la course, j'étais un peu inquiet pendant le premier tour, car on ne sait jamais avec des pneus neufs, qui peuvent être mal ajustés. Après un tour, j'ai compris que tout allait bien et j'ai pu prendre tous les risques pour attaquer et distancer les autres. Je savais que si j'avais chuté, on m'aurait traité d'idiot. Mais j'étais en confiance. » C'est bien là que nous retrouvons la méthode Biaggi quand tout va bien pour le pilote italien : frapper fort et vite. Prendre immédiatement une avance suffisante pour décourager tout le monde et gérer ensuite jusqu'au drapeau à damier. C'est très exactement ce qu'il va faire sur le tracé tchèque.

Il prend immédiatement la tête avec Capirossi et Rossi dans sa roue, et attend le troisième tour pour commencer à attaquer réellement. Très vite, dès lors, il creuse l'écart. Au cinquième tour, il compte plus de trois secondes d'avance et accentue encore la cadence. L'écart avec ses poursuivants atteindra ainsi plus de douze secondes avant que Max ne décide, comme il aime le faire, de gérer ce capital temps. Les autres, derrière lui, sont bel et bien battus. Norick Abe a chuté dès le premier tour en essayant de le suivre ; Rossi et Capirossi se chamaillent pour la deuxième place ; Alex Barros chute à son tour et Roberts a maille à partir avec Garry McCoy. Le petit Australien, toujours en glissades spectaculaires, doublera le leader du classement provisoire et viendra attaquer les deux autres Italiens de la catégorie. Il est alors le seul à tourner dans les mêmes temps que Biaggi. En fin de course, alors que Biaggi, sûr de sa victoire, commence quelques pitreries pour montrer sa joie, Valentino Rossi réussira enfin à doubler McCoy pour s'adjuger la deuxième place. Mais répétons-le, l'homme fort à Brno, dans cette catégorie 500, s'appelait Max Biaggi. Il est, cette saison, le huitième vainqueur en 500 et le troisième pilote italien à monter sur la plus haute marche du podium. Du jamais vu au niveau des statistiques…

L'été lui a bien réussi : Max Biaggi a effectué des essais sérieux à Mugello et retrouvé confiance en sa moto... et en lui-même.

Ukawa devant les deux Yamaha officielles. C'est finalement Nakano qui se montrera le plus rapide sur le tracé de Brno.

250
Shinya Nakano de nouveau en pleine forme

Bien sonné après sa chute stupide de Donington, le pilote japonais de l'écurie Tech 3 a pleinement profité de la cassure estivale pour se refaire une santé tout à la fois physique et morale. « Le break de l'été m'a vraiment fait du bien, dit-il. J'ai pu me relaxer au Japon avec mes parents, ma famille et mes amis. Aujourd'hui, je ne me ressens plus du tout des blessures que je m'étais faites en tombant à

La catégorie 250 était dominée au début par Jacque et les trois Japonais. Mais au fil des courses, les Aprilia de Waldmann et surtout de Melandri sont revenues sur le devant de la scène.

Donington. » Et effectivement, tout semble aller pour le mieux dans le meilleur des mondes possibles pour Shinya, qui signe le deuxième temps aux essais, à quelques millièmes de seconde d'Olivier Jacque. On remarque, pendant ces séances officielles, que les Aprilia semblent être revenues au mieux de leur forme. Ralf Waldmann signe le troisième temps ; Melandri et Battaini sont très proches d'Ukawa.

Les motos italiennes vont d'ailleurs parfaitement confirmer en début de course. Car si les deux Yamaha officielles prennent la direction des opérations, Melandri est dans leurs roues, avec Ukawa et Ralf Waldmann. Au troisième tour, c'est Tohru Ukawa qui passe en tête, avec les deux Yamaha derrière, et Melandri qui commence, lui aussi, à attaquer sérieusement. Les pilotes Tech 3, l'un après l'autre, vont tenter l'impossible pour doubler Ukawa. Olivier d'abord, puis Shinya Nakano, qui réussit, lui, à passer Tohru au dixième tour et accentue le rythme de la course. À ce petit jeu, les deux hommes vont prendre leurs distances, et Olivier Jacque, troisième, se retrouve seul en bagarre avec Marco Melandri pour la dernière marche du podium. Car il est clair que la victoire, alors, ne peut plus échapper à Shinya Nakano ou Tohru Ukawa. À quelques minutes de la fin, Nakano va creuser un écart important qui lui donne finalement la première place devant Tohru Ukawa et Olivier Jacque, qui saura résister aux attaques de Melandri avant de lui prendre près de deux secondes à l'occasion de l'inévitable passage des attardés. ●

250 CLASSEMENT DU GP DE LA REP. TCHÈQUE-

Tour le plus rapide : S. Nakano (Jap, Yamaha), 2'04"113 (156,718 km/h).

1	**Shinya Nakano**	Jap	Yamaha		41'44"845 (155,305 km/h)
2	Tohru Ukawa	Jap	Honda	à	3, 994
3	Olivier Jacque	Fra	Yamaha	à	4, 987
4	Marco Melandri	Ita	Aprilia	à	6, 028
5	Ralf Waldmann	All	Aprilia	à	13, 366
6	Daijiro Katoh	Jap	Honda	à	21, 259
7	Franco Battaini	Ita	Aprilia	à	26, 489
8	Sebastian Porto	Arg	Yamaha	à	45, 073
9	Klaus Nöhles	All	Aprilia	à	47, 135
10	Anthony West	Aus	Honda	à	56, 932

125
et revoici Locatelli !

Le pilote bergamasque n'avait pas gagné depuis le Grand Prix d'Italie, à Mugello, où il avait tout simplement écrasé tous ses adversaires. Youichi Ui, avec trois victoires successives, en a donc profité pour prendre la tête du classement provisoire et inquiéter sérieusement l'écurie Aprilia, qui mise très gros sur son poulain pour le titre 2000. À tel point, même, que nos bouillants voisins n'ont pas réellement profité du break de l'été. Soucieux, à juste titre, des performances étonnantes de la Derbi officielle, le service course d'Aprilia a travaillé tout le mois d'août pour muscler encore un peu plus la machine de Roberto.

Extérieurement, bien sûr, on ne voit aucune différence entre la moto qui a pris le départ au Sachsenring et celle qui a gagné à Brno. C'est dans les petits détails que se fait la différence. Arnaud Vincent, qui dispose en principe de la même moto, en est parfaitement conscient. « Nous avons tout essayé sur le châssis, dit-il. Dimanche matin, j'ai demandé à l'ingénieur de l'usine de me donner plus de couple. La moto de Locatelli accélère mieux que la mienne, c'est net. Pour compenser, je suis obligé de rentrer trop fort dans les courbes, et la moto sort de la trajectoire. Je n'arrive pas à la faire tourner... » Roberto le reconnaît d'ailleurs honnêtement : « Cet été, on a fait l'impossible pour me hisser à la hauteur de la Derbi. Nous avons plein de petits changements qui vont du moteur à la fourche. Nous bénéficions d'une évolution constante. »

À Brno, cette Aprilia « musclée » va lui permettre de signer la pole position, avec une avance minuscule sur Youichi Ui : 2'10"03 contre 2'10"48. C'est d'ailleurs le Japonais qui va partir en tête avec Locatelli, Alzamora et Cecchinello dans sa roue. À la fin du premier tour, Locatelli attaque et prend la première place, sans toutefois parvenir à creuser l'écart sur ses trois poursuivants. Le reste du peloton, emmené par Ueda, commence à perdre pied. La course, en fait, va se jouer entre ces quatre pilotes, jusqu'à ce que Cecchinello fasse une faute à cinq tours de la fin. C'est donc le duel Ui-Locatelli, avec Alzamora en embuscade, qui fait tout le spectacle. Le Japonais, à mi-parcours, prendra le commandement pendant deux tours, avant de s'incliner, définitivement cette fois, devant Locatelli. Ui devra même, en fin de course, résister aux attaques d'Alzamora, plus que jamais décidé à vendre chèrement sa peau : moins de deux dixièmes de seconde sépareront les deux hommes à l'arrivée. Au classement provisoire, Locatelli compte très exactement sur la Derbi les 5 points d'avance empochés à Brno. Côté Français, De Puniet est tombé dès le premier tour et Vincent est bien revenu de sa mauvaise place sur la grille pour terminer en sixième position. ●

125 CLASSEMENT DU GP DE LA REP. TCHÈQUE

Tour le plus rapide : Y. Ui (Jap, Derbi), 2'09"416 (150,296 km/h).

1	**Roberto Locatelli**	Ita	Aprilia		41'19"190 (149,066 km/h)
2	Youichi Ui	Jap	Derbi	à	1, 533
3	Emilio Alzamora	Esp	Honda	à	1, 716
4	Lucio Cecchinello	Ita	Honda	à	18, 466
5	Noburu Ueda	Jap	Honda	à	29, 076
6	Arnaud Vincent	Fra	Aprilia	à	33, 896
7	Mirko Giansanti	Ita	Honda	à	34, 910
8	Gino Borsoi	Ita	Aprilia	à	35, 161
9	Jaroslav Hules	Tch	Italjet	à	43, 932
10	Ivan Goi	Ita	Honda	à	51, 767

GP du PORTUGAL

Ce premier Grand Prix sur le circuit d'Estoril, à quelques kilomètres de Lisbonne, a vu la victoire d'Emilio Alzamora en 125 et celle, une fois encore, de l'inimitable Garry McCoy en 500 devant les deux actuels leaders du classement provisoire de la catégorie. Mais c'est en 250 que ce Grand Prix du Portugal risque d'avoir le plus de conséquences, avec l'accrochage entre deux des postulants au titre mondial, Ukawa et Nakano, obligés de laisser Olivier Jacque, deuxième derrière Daijiro Katoh, conforter avec 20 points de plus sa place de leader au Championnat du monde.

500 CLASSEMENT DU GP DU PORTUGAL

Tour le plus rapide : Valentino Rossi (Ita, Honda) 1'42"200 (147,311 km/h)

1	**Garry McCoy**	Aus	Yamaha		48'07"663 (145,981 km/h)
2	Kenny Roberts	É-U	Suzuki	à	4, 941
3	Valentino Rossi	Ita	Honda	à	5, 182
4	Max Biaggi	Ita	Yamaha	à	5, 724
5	Régis Laconi	Fra	Yamaha	à	13, 759
6	Alex Criville	Esp	Honda	à	15, 422
7	Tadayuki Okada	Jap	Honda	à	15, 425
8	J. V D Goorbergh	P-B	Honda	à	15, 776
9	Norick Abe	Jap	Yamaha	à	19, 623
10	Alex Barros	Bré	Honda	à	19, 843

500
deuxième victoire pour Garry McCoy

Le Grand Prix du Portugal, dans la catégorie reine, devait voir le retour triomphal de ce lutin diabolique qu'est Garry McCoy. Vainqueur du premier Grand Prix de l'année en Afrique du Sud, le petit Australien nous a encore gratifiés, à Estoril, de ces glissades pour

le moins spectaculaires qu'il maîtrise avec une facilité déconcertante pour ses adversaires. Dès les essais, qu'il termine à la pole position, tout le monde sent que Garry va réussir de grandes choses sur le circuit portugais. Et même si la Honda officielle de Sete Gibernau fait en tête les premiers tours de la course, McCoy est derrière lui et piaffe d'impatience. Au sixième tour, après une nouvelle glisse qui fait hurler le public de plaisir, McCoy double Gibernau et prend la tête de la course. Plus personne, dès lors, ne pourra le rejoindre. Kenny Roberts, lui aussi, passera Gibernau et tentera vainement de revenir sur la Yamaha Red Bull.

Au tiers du parcours, Biaggi et Rossi remontent très fort sur le trio de tête et commencent à mettre la pression sur Gibernau. McCoy est nettement devant ; Roberts paraît se conten-

Valentino Rossi signera le record du tour en revenant sur Kenny Roberts. Mais l'Américain conservera jusqu'au drapeau à damier quelques dixièmes d'avance sur le jeune Italien.

ter de la deuxième marche du podium et les deux Italiens poussent à la faute l'Espagnol, qui tombera à cinq tours de la fin. Rossi, qui prend assez vite le meilleur sur Biaggi, reviendra dans les dernières secondes sur Kenny Roberts en signant le record de la course en 1'42"200 au tout dernier tour. Mais le Californien garde une demi-longueur d'avance et s'adjuge une deuxième place, à 5 secondes de McCoy, qui le conforte encore un peu plus dans sa position de leader au classement provisoire.

À signaler également la bonne course de Régis Laconi. Longtemps quatrième derrière Gibernau, McCoy et Roberts, l'autre pilote de l'écurie Red Bull se battra longuement avec Norick Abe pour terminer en cinquième position derrière Max Biaggi. Notons enfin que les trois marques japonaises se retrouvent côte à côte sur le podium.

250
Olivier Jacque se détache

Le départ des 250 : Shinya Nakano tombera cinq tours plus loin et laissera ainsi vingt points essentiels à son coéquipier Olivier Jacque.

Tout le monde sait bien que le facteur chance, dans les sports mécaniques, est un élément parfois essentiel avec lequel il faut toujours compter. Olivier Jacque, qui a connu quelques soucis à ce sujet en 1998 et 1999, pourrait vous en parler mieux que quiconque. Il se trouve que cette même chance qui lui a si longtemps tourné le dos a décidé cette fois de lui sourire enfin.

À l'issue de séances d'essais parfaitement conformes au scénario de cette saison, c'est Olivier Jacque qui signe la pole position devant Daijiro Katoh, Shinya Nakano et Tohru Ukawa. Rien de bien original, puisque ces quatre pilotes sont depuis le début de la saison les hommes forts de la catégorie et qu'il paraît bien improbable que le titre mondial puisse échapper à l'un d'entre eux. Daijiro Katoh part en tête devant son coéquipier Ukawa, Melandri, bien intercalé, et Shinya Nakano. Olivier Jacque, pour une fois, n'a pas réussi l'un de ces départs canon dont il a le secret et occupe la sixième place, derrière l'autre Honda officielle, celle d'Anthony West. En deux tours, le Français revient sur son camarade d'écurie, et les Yamaha talonnent maintenant Melandri et les deux Honda.

C'est au cinquième tour que tout chavire. Pour rester au contact avec Katoh, qui continue à caracoler devant, Ukawa rentre trop vite dans un droit et part dans une longue glissade sous les yeux de Melandri, qui l'évite de justesse. Shinya Nakano, lui, ne voit rien. « La chute d'Ukawa était bizarre, explique Olivier Jacque après la course. Il a perdu l'adhérence et s'est couché lentement. Quand j'ai vu Melandri lever la tête, j'ai décidé de partir vers l'intérieur pour les éviter lui et Ukawa. J'étais à l'intérieur et je pouvais voir la direction que prenait la moto d'Ukawa. Et comme Melandri a ralenti, j'en ai profité pour le doubler. »

Le pauvre Nakano n'a pas cette chance. Quand il voit la moto d'Ukawa, il est pratiquement déjà en train de la percuter et se retrouve par terre sans rien avoir compris. « Cela me fait beaucoup de peine pour Shinya, dira Hervé Poncharal consterné. Je ne cesse de dire que c'est l'équipe qui compte, même si ce n'est pas toujours facile. Maintenant, Shinya se retrouve fortement handicapé au niveau du championnat à cause d'une chute idiote dans laquelle il n'est pour rien. Depuis deux ans que je le vois travailler et évoluer, j'estime tout simplement qu'il méritait mieux. » Olivier Jacque est donc deuxième derrière Daijiro Katoh, qui est alors, et de loin, le moins dangereux pour lui dans la course au titre. Ses deux plus sérieux adversaires, en revanche, ne marquent aucun point. Au soir de ce Grand Prix du Portugal, l'avance d'Olivier est de 27 points sur le

pauvre Nakano et de 36 sur Tohru Ukawa ! À signaler enfin les belles courses des privés français : Vincent Philippe briguait logiquement la cinquième place quand il est tombé à deux tours de la fin (il repartira pour terminer treizième) ; Sébastien Gimbert, constamment dans le bon groupe, finira en neuvième position.

250 CLASSEMENT DU GP DU PORTUGAL

Tour le plus rapide : Olivier Jacque (Fra, Yamaha) 1'42"985 (146,188 km/h)

1	**Daijiro Katoh**	Jap	Honda		45'07"769 (144,560 km/h)
2	Olivier Jacque	Fra	Yamaha	à	10, 954
3	Marco Melandri	Ita	Aprilia	à	28, 317
4	Anthony West	Aus	Honda	à	34, 314
5	Klaus Nöhles	All	Aprilia	à	35, 983
6	Fonsi Nieto	Esp	Yamaha	à	40, 091
7	Jason Vincent	R-U	Aprilia	à	40, 375
8	Ivan Clementi	Ita	Aprilia	à	51, 493
9	Sébastien Gimbert	Fra	Honda	à	54, 322
10	Shahroi Yuzy	Mal	Yamaha	à	54, 506

125 CLASSEMENT DU GP DU PORTUGAL

Tour le plus rapide : Roberto Locatelli (Ita, Aprilia) 1'47"279 (140,336 km/h)

1	**Emilio Alzamora**	Esp	Honda		43'22"891
2	Roberto Locatelli	Ita	Aprilia	à	3, 691
3	Arnaud Vincent	Fra	Aprilia	à	12, 233
4	Lucio Cecchinello	Ita	Honda	à	12, 804
5	Simone Sanna	Ita	Aprilia	à	16, 958
6	Ivan Goi	Ita	Honda	à	19, 629
7	Randy De Puniet	Fra	Aprilia	à	26, 990
8	Gino Borsoi	Ita	Aprilia	à	30, 785
9	Angel Nieto	Esp	Honda	à	30, 794
10	Jaroslav Hules	Tch	Italjet	à	33, 054

125
la déroute des Derbi

La plus petite des catégories, sur le circuit d'Estoril, devait connaître quelques coups de théâtre qui allaient tout remettre en question. Youichi Ui, qui est en tête au classement provisoire, entend bien enfoncer le clou au Portugal. Il se montre particulièrement offensif pendant les essais et signe une fort belle pole position devant Alzamora et Locatelli. Le problème, pour le Japonais, est qu'il ne sait parfois pas maîtriser un tempérament souvent excessif. Jusqu'ici, Youichi n'a marqué que de gros points – cinq victoires, deux deuxièmes places – ou rien du tout ! Et c'est très exactement ce qui va se passer à Estoril.

Après un excellent départ, Ui est en tête devant son camarade d'écurie Poggiali et Arnaud Vincent. La tension monte dans le stand Derbi, d'autant que Roberto Locatelli, le grand rival pour le titre, a totalement loupé le début de la course et navigue très loin derrière les hommes de tête. C'est en fait Alzamora qui va mettre la pression sur les deux Derbi. Il double d'abord Manuel Poggiali et talonne Youichi Ui, qu'il va pousser à la faute. Au dixième tour, en effet, le Japonais veut à tout prix creuser l'écart et se retrouve à plat ventre sur le bitume d'Estoril. On commence à rire beaucoup moins chez Derbi, d'autant que Locatelli remonte comme une balle vers l'avant de la course.

À mi-parcours, Alzamora est toujours en tête, avec Poggiali dans sa roue et Locatelli, qui a maintenant les deux hommes en point de mire. À quatre tours de la fin, le malheureux Poggiali doit s'arrêter la rage au cœur : la moto vient de casser. Chez Derbi, c'est bien entendu la consternation. Emilio Alzamora, en grande forme au Portugal, résistera parfaitement aux attaques de Locatelli, qui, après la disparition de son grand rival pour le titre, ne va pas prendre le risque de perdre ces 20 précieux points qui récompensent la deuxième place. En quittant le Portugal, c'est lui qui est en tête au classement provisoire avec 15 points d'avance sur Ui.

Et les Français ? Si Randy De Puniet finit assez brillamment, en septième position, c'est très certainement Arnaud Vincent qui fait la plus belle course. Troisième au premier tour, le Français est toujours resté en contact avec le bon groupe et a donc pu profiter au mieux des problèmes de ses adversaires : chute pour Ui, casse pour Poggiali. En fin de course, il saura repousser les attaques de Cecchinello et d'Azuma, qui chutera lui aussi dans le dernier tour, pour renouer avec un podium qu'il n'avait pas fréquenté depuis sa victoire en Afrique du Sud, pour l'ouverture de la saison.

Emilio Alzamora gagne au Portugal et garde encore quelques chances de conserver son titre mondial.

GP de VALENCE

COMUNITAT VALENCIANA
4005 m

Victoires de Roberto Locatelli en 125, de Shinya Nakano devant Olivier Jacque et Marco Melandri en 250 – troisième doublé de l'année pour Tech 3 – et, surtout, nouveau triomphe de Garry McCoy en 500. Cette seconde victoire consécutive, au nez et à la barbe de la fine fleur de la catégorie, lui permet d'entrer dans les statistiques. C'est en effet la première fois depuis Alex Criville l'année dernière qu'un pilote remporte deux courses de suite en 500.

500 CLASSEMENT DU GP DE VALENCIA
Tour le plus rapide : A. Criville (Esp, Honda V4), 1'36''085 (150,054 km/h).

1	**Garry McCoy**	Aus	Yamaha		48'27''799 (148,751 km/h)
2	Kenny Roberts	É-U	Suzuki	à	5, 005
3	Max Biaggi	Ita	Yamaha	à	5, 978
4	Nobuatsu Aoki	Jap	Suzuki	à	8, 675
5	Alex Barros	Bré	Honda	à	14, 247
6	Régis Laconi	Fra	Yamaha	à	16, 111
7	Carlos Checa	Esp	Yamaha	à	19, 967
8	Sete Gibernau	Esp	Honda	à	21, 094
9	Tadayuki Okada	Jap	Honda	à	21, 346
10	J. VD Goorbergh	P-B	Honda	à	37, 506

500 deuxième victoire de suite pour Garry McCoy !

C'est pour le Grand Prix de Valence que le team Suzuki reçoit les nouvelles pièces moteur qu'il attend depuis des semaines. Kenny Roberts, depuis le début de la saison, ne cesse de se plaindre du comportement de sa moto à long terme : efficace en début d'épreuve, la Suzuki officielle pose de plus en plus de problèmes au fil des tours et ne lui permet pas de disputer les fins de course qu'il souhaiterait. On envie, dans l'équipe Suzuki, cette homogénéité que semblent avoir les Honda. « Nous avons voulu, dit Kenny Roberts, régler notre moto pour qu'elle se comporte comme les Honda. Mais nous ne disposons pas d'assez d'accélération pour que cette configuration soit valable pour nous. Nous sommes donc partis dans une direction totalement différente. » Dans la réalité, tout cela va rester au stade des spéculations : Kenny Roberts signe effectivement la pole position devant Biaggi et Capirossi – trois marques différentes aux trois premières places –, mais pour la deuxième fois consécutive, c'est le petit lutin de chez Red Bull qui va mettre tout le monde d'accord. C'est Biaggi qui est le meilleur quand le feu passe au vert et c'est lui qui file en tête devant McCoy, Roberts et Capirossi. Au quatrième tour, McCoy aligne les travers spectaculaires et visiblement efficaces et double Biaggi, avec Roberts dans sa roue. Profitant de la chute de Criville, Valentino Rossi se place en quatrième position et se rapproche de Biaggi. Roberts, devant, continue sans succès à attaquer McCoy, qui ne s'en laisse pas conter et creuse encore un peu plus l'écart.

La fin de la course sera marquée par l'offensive à outrance de Valentino Rossi. Il sait, comme tout le monde, que sa seule chance en ce qui concerne le classement au Championnat du monde est de terminer devant Roberts. Le jeune Italien, après une première petite erreur qui aurait pu le faire chuter, continue à attaquer sans répit. Il passe Roberts dans un premier temps, puis McCoy dans un second. À trois tours de la fin, il occupe la tête de la course et remplit donc parfaitement le petit contrat qu'il avait passé avec lui-même. Le problème, pour Valentino, est qu'il en fait sans doute un peu trop, puisqu'il se retrouve par terre à deux tours de la fin. Kenny Roberts, deuxième derrière l'intouchable Garry McCoy, est virtuellement champion du monde des 500 ! Max Biaggi termine troisième devant Aoki, Barros et Régis Laconi, une fois encore régulier. Mais c'est évidemment Kenny Junior qui est le grand gagnant de ce Grand Prix de Valence. Il compte désormais 66 points d'avance sur Rossi à trois courses de la fin de cette saison. À Rio, dans quinze jours, une petite place de sixième lui suffirait pour être définitivement sacré champion du monde 2000 de la catégorie 500…

Garry McCoy devant Kenny Roberts et Valentino Rossi. L'Italien prendra un instant le commandement avant de chuter et de laisser ainsi le champ libre au pilote américain.

250 la revanche de Shinya Nakano

C'est un Shinya Nakano ulcéré qui avait quitté, quinze jours plus tôt, le circuit d'Estoril. Persuadé d'y avoir subi une punition aussi sévère qu'injustifiée, le plus sympathique de tous les pilotes japonais entendait bien prendre une revanche éclatante sur le mauvais sort. Et c'est le couteau entre les dents qu'il est arrivé à Valence, qui est très certainement l'un des tracés les plus favorables aux Yamaha officielles. « Nous y avons effectué cette année des essais qui nous ont bien aidés, dit Olivier Jacque. Mais de toute façon, maintenant on la connaît bien cette moto. On sait comment la travailler... » Jacque-Nakano, ce sera l'ordre à l'issue des essais. Nakano-Jacque, ce sera l'ordre de l'arrivée de la course. Les deux Yamaha officielles se sont sans le moindre doute montrées un ton au-dessus sur le circuit espagnol. La petite surprise vient certainement de Marco Melandri, qui continue à progresser avec une belle régularité dans cette catégorie 250. À l'issue des essais officiels, il précède la plus rapide des Honda, celle d'Ukawa, et ses camarades d'écurie Franco Battaini et Ralf Waldmann.

Nouvelle victoire pour Shinya Nakano après son stupide accrochage avec Ukawa quinze jours plus tôt au Portugal. Le Japonais, aujourd'hui, n'a plus qu'une seule tactique pour la fin de cette saison : attaquer, attaquer et encore attaquer...

Tout cela va parfaitement se confirmer en course. Olivier Jacque file en tête devant Nakano et Ralf Waldmann, qui vole outrageusement le départ. Le pilote allemand sera sanctionné d'un « stop and go » qui va le reléguer, bien évidemment, dans les tréfonds du classement. Au troisième tour, Shinya Nakano, qui a toujours le mors aux dents, attaque avec succès son camarade d'écurie. Tohru Ukawa, le meilleur des « non-Yamaha », est en troisième position, mais sans grand espoir de revenir sur les deux pilotes de Tech 3. Melandri précède Katoh sur l'autre Honda et se met à attaquer Ukawa, auquel il ravira la troisième place au septième tour. Les deux pilotes vont d'ailleurs se livrer une fort belle bagarre jusqu'aux dernières secondes de la course. Loin devant, les deux Yamaha ont virtuellement course gagnée. Nakano mène, et Olivier Jacque ne cherche pas à rejoindre son coéquipier, qui aligne des temps tout simplement époustouflants !

Pour la troisième place, Melandri et Ukawa continuent à se battre comme des chiffon-

niers. Marco Melandri, à deux tours de la fin, trouvera l'ouverture pour doubler Ukawa et garder jusqu'au bout sa place sur le podium. Tohru Ukawa est quatrième, à quelques millièmes de seconde de Melandri, mais à plus de six secondes devant son coéquipier chez Honda, Daijiro Katoh. Ralf Waldmann, après sa punition, parviendra à remonter dans les points et finira en treizième position.

250 CLASSEMENT DU GP DE VALENCIA

Tour le plus rapide : S. Nakano (Jap, Yamaha), 1'36''398 (149,567 km/h).

1	**Shinya Nakano**	Jap	Yamaha		43'49''140 (148,055 km/h)
2	Olivier Jacque	Fra	Yamaha	à	4, 285
3	Marco Melandri	Ita	Aprilia	à	14, 848
4	Tohru Ukawa	Jap	Honda	à	14, 897
5	Daijiro Katoh	Jap	Honda	à	20, 208
6	Franco Battaini	Ita	Aprilia	à	36, 491
7	Anthony West	Aus	Honda	à	39, 810
8	Sebastian Porto	Arg	Yamaha	à	39, 887
9	Jason Vincent	R-U	Aprilia	à	40, 271
10	David Checa	Esp	Honda	à	40, 273

125

Locatelli d'un fil

Roberto Locatelli continue à imprimer sa marque à la plus petite des catégories. Après la période Ui (trois victoires et une deuxième place en quatre courses), nous sommes entrés, il faut se rendre à l'évidence, dans l'époque Locatelli. C'est lui, pour commencer, qui signe la pole position devant Ui et Alzamora. Et même si c'est le second Derbi, celui de Pablo Nieto, qui se montre le plus efficace dans les premiers instants de la course, devant Arnaud Vincent, Roberto Locatelli et Youichi Ui, il est clair que le danger vient de l'officiel Aprilia. Au quatrième tour, Roberto Locatelli passe Vincent, mais son vrai rival, Youichi Ui, reste dans la roue des deux hommes. Masao Azuma et Emilio Alzamora, à peine plus loin, sont toujours dans le coup. Au sixième tour, Roberto Locatelli est en tête, sans pour autant prendre un avantage décisif sur Nieto, Azuma et Ui, qui vient de doubler Vincent. Le Japonais sait pertinemment qu'il est hors de question pour lui de laisser filer le jeune Italien. Il attaque Nieto, puis Azuma, qui se montre alors de plus en plus agressif. Après une lutte avec Ui pour la deuxième place, il double son compatriote et se rapproche de l'homme de tête, Roberto Locatelli, qu'il va passer à neuf tours de l'arrivée.

Roberto Locatelli a su résister jusqu'au bout aux attaques de Masao Azuma. Il semble manifeste que l'Italien a passé la vitesse supérieure et vise un titre mondial qui paraît plus que jamais à sa portée.

Mais le pilote Aprilia ne fait pas précisément du tourisme à Valence. Deux tours plus tard, il repasse en force le Japonais de chez Honda et, cette fois-ci, se cramponne comme un beau diable à sa première place. Jusqu'au bout, Locatelli contiendra les attaques de Masao Azuma, qui, à ce petit jeu, a pris une réelle avance sur Youichi Ui, devant lequel son coéquipier Pablo Nieto, sur ordre de l'écurie, s'est effacé pour le laisser passer. Le grand déçu de cette course est certainement Arnaud Vincent. Un instant deuxième après un mauvais départ, il devait régulièrement perdre quelques dixièmes à chaque tour et terminer en dixième position. « J'ai fait le maximum avec ce que j'avais, dit-il. Je connais ce circuit comme ma poche et je savais, au vu des chronos réalisés pendant les essais, que je ne pouvais pas espérer mieux qu'une place de dixième… Ce genre de course me donne envie d'arrêter la moto. C'est tellement frustrant de savoir que tu es capable de gagner et que tu n'en as pas les moyens… »

125 CLASSEMENT DU GP DE VALENCIA

Tour le plus rapide : Y. Ui (Jap, Derbi), 1'40''631 (143,275 km/h).

1	**Roberto Locatelli**	Ita	Aprilia		42'27''505 (141,491 km/h)
2	Masao Azuma	Jap	Honda	à	0, 433
3	Youichi Ui	Jap	Derbi	à	7, 925
4	Pablo Nieto	Esp	Derbi	à	7, 941
5	Emilio Alzamora	Esp	Honda	à	15, 086
6	Simone Sanna	Ita	Aprilia	à	20, 463
7	Gianluigi Scalvini	Ita	Aprilia	à	20, 625
8	Lucio Cecchinello	Ita	Honda	à	21, 015
9	Gino Borsoi	Ita	Aprilia	à	21, 456
10	Arnaud Vincent	Fra	Aprilia	à	21, 688

GP du BRÉSIL

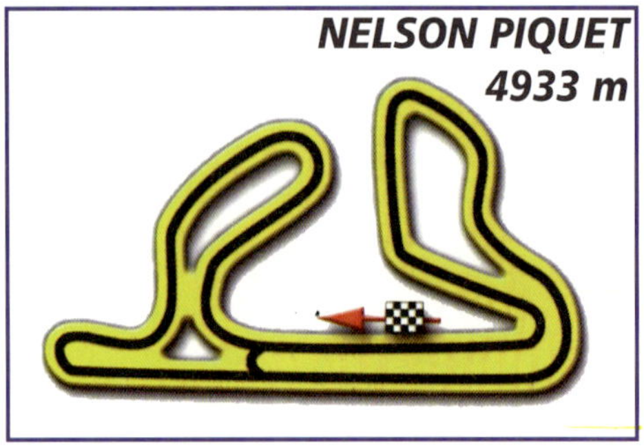

Victoire brillante de Valentino Rossi en 500 et titre mondial à l'économie pour Kenny Roberts, qui succède donc à Criville dans la catégorie reine. En 125, tout est pratiquement à refaire avec la casse et l'abandon de Roberto Locatelli et la troisième place de Youichi Ui. En 250, enfin, Olivier Jacque commet la première erreur de sa saison en chutant deux fois sur le circuit de Jacarepagua : à deux courses de la fin, le Français ne compte plus que 9 points d'avance sur Shinya Nakano et Daijiro Katoh commence à reprendre espoir.

500 **CLASSEMENT DU GP DU BRÉSIL**

Tour le plus rapide :
V. Rossi (Ita, Honda), 1'52"667 (157,622 km/h).

1	**Valentino Rossi**	Ita	Honda		45'22"624 (156,544 km/h)
2	Alex Barros	Bré	Honda	à	0, 970
3	Garry McCoy	Aus	Yamaha	à	3, 446
4	Norick Abe	Jap	Yamaha	à	3, 568
5	Max Biaggi	Ita	Yamaha	à	3, 709
6	Kenny Roberts	É-U	Suzuki	à	7, 778
7	Sete Gibernau	Esp	Honda	à	8, 260
8	Régis Laconi	Fra	Yamaha	à	8, 518
9	Tadayuki Okada	Jap	Honda	à	17, 506
10	J. VD Goorbergh	P-B	Honda	à	23, 254

500
Kenny Roberts, le sacre sans panache

C'est dans une position en or que Kenny Roberts arrive sur le circuit brésilien : dans le plus mauvais des cas, c'est-à-dire si Valentino Rossi se mettait en tête de gagner la course et qu'il y parvienne, le pilote californien n'aurait qu'à finir parmi les six premiers pour être sacré champion du monde des 500 cc. Et c'est très exactement le scénario auquel nous allons assister. Valentino, déjà vainqueur cette année sous la pluie de Donington, a grande envie de gagner cette course et ne s'en cache pas. « Pour moi, dit-il, le championnat ne compte pas. Le titre, je l'ai perdu en chutant à Valence. Je n'ai gagné qu'une fois, dans des conditions humides, et une victoire sur le sec a quand même une autre signification. Je veux gagner à Rio… » Un autre pilote Honda voudrait bien lui aussi gagner à Jacarepagua. Il s'appelle Alex Barros et il est formidablement soutenu par ses compatriotes, qui n'ont jamais vu un Brésilien triompher dans leur beau pays. Alex, aux essais, signe le deuxième temps derrière Max Biaggi et commence à faire figure de favori logique. Kenny Roberts, manifestement très tendu à Rio, n'affiche qu'un septième temps tout à fait inhabituel de sa part.

En course, c'est Tadayuki Okada qui est à l'extrême limite du « vol de départ » et fait tout le premier tour en tête avant que Barros ne passe à l'attaque pour le doubler au deuxième tour, avec Abe dans sa roue. Valentino Rossi n'a pas précisément réussi les premiers instants de cette course brésilienne, mais il commence à remonter avec une belle régularité, tandis que Kenny Roberts, toujours aussi mal à l'aise, traîne péniblement en fin de peloton. Après six tours de course, Barros mène toujours, devant Abe attaqué par McCoy et Rossi. Trois tours plus tard, au grand dam des Cariocas, les deux hommes doublent Barros, qui s'accroche. Peu après la mi-course, Valentino passe en tête sans pour autant prendre un avantage décisif sur le Brésilien, qui ne baissera jamais les bras. Mais malgré tous ses efforts, Alex ne pourra jamais rattraper la petite seconde d'avance que le jeune Italien

conservera jusqu'à la ligne d'arrivée. Barros termine deuxième devant McCoy, qui a su résister aux attaques d'Abe et de Biaggi. Et Roberts, dans tout cela ? De neuvième en début de course, il est passé huitième et ainsi de suite pour prendre de justesse la sixième place devant Gibernau. Qu'importe : les 10 points qu'il prend à Rio lui assurent, comme on pouvait le prévoir, le titre mondial de cette saison 2000. Les mauvaises langues, dans le paddock, laissent entendre que ce titre, pour Kenny, tient quand même plus de l'épicerie que de l'exploit réel.

Brillante victoire pour Rossi au GP du Brésil, mais c'est bien Roberts qui est sacré champion du monde.

250
la faute d'Olivier Jacque

Il faut bien reconnaître que notre meilleur pilote cette année a effectivement commis, à l'occasion de ce Grand Prix du Brésil, ce qu'il est convenu d'appeler une vraie faute. Quand OJ débarque au Brésil, il compte une avance confortable à défaut d'être substantielle. Jacarepagua, nul ne l'ignore, est un circuit qu'Olivier apprécie tout particulièrement. Et il entend bien, cette année encore, y enregistrer un résultat pour le moins significatif. Pendant les essais qualificatifs, il signe le deuxième temps derrière Marco Melandri et se conforte dans l'idée qu'il y a sans aucun doute quelque chose à faire sur ce circuit brésilien. Lorsque le feu passe au vert, comme souvent, Olivier Jacque est le plus prompt à actionner ce petit cylindre qui tourne au bout du bracelet droit. Il précède Ukawa, Katoh et Melandri, et se met résolument à attaquer avec un bel enthousiasme. Au deuxième passage, il est déjà nettement en tête, tandis que son camarade d'écurie, Shinya Nakano, est pointé à la fin du paquet. OJ va faire les trois premiers tours un ton au-dessus de tout le monde et, sans doute, un petit ton au-delà de ses possibilités. Car il va s'offrir à Rio l'une des chutes les plus discrètes de l'histoire avant de repartir loin derrière tout le monde, tandis que Daijiro Katoh profite pleinement des événements et caracole en tête de la course.

Ukawa est alors le seul qui tente réellement de le suivre, et Nakano a déjà amorcé une remontée historique. On apprendra plus tard que la Yamaha officielle a serré dans le premier tour. Nakano, par miracle, a réussi à la faire redémarrer pour revenir dans la course, mais avec, en bonne logique, une certaine appréhension pour tirer le maximum de son moteur. Il lui faudra deux tours pour reprendre confiance et revenir vers les hommes de tête. Ceux-ci s'appellent Daijiro Katoh, bien sûr, mais aussi Tohru Ukawa et Marco Melandri, qui confirme que ses temps aux essais ne devaient rien au hasard. À deux tours de la fin, profitant d'une petite erreur de Katoh, il parvient même à prendre le commandement quelques instants, jusqu'à ce que, dans le dernier virage, Daijiro Katoh, réellement déchaîné, élargisse franchement dans le bas-côté pour arracher la première place.

À peine derrière lui – les trois pilotes termineront dans un mouchoir de poche avec moins de 2 dixièmes entre la première et la troisième marche du podium –, Tohru Ukawa précède Marco Melandri et le courageux Nakano, qui ne se sort finalement pas si mal d'un problème mécanique aujourd'hui rarissime. Olivier Jacque, reparti le couteau entre les dents avec une moto diminuée (bulle cassée, bracelet tordu, carénage abîmé), a fait une remontée assez remarquable qui l'amenait, à sept tours de la fin, à la onzième place de cette course brésilienne avant… qu'il ne chute une fois encore, sans espoir, cette fois, de pouvoir repartir. Est-il besoin de préciser que ce Grand Prix de Rio, dans la catégorie 250, remet tout en question. Olivier Jacque n'a plus désormais que 9 points d'avance sur Shinya Nakano et 23 points sur les deux Honda de Katoh et d'Ukawa. Et il reste encore deux épreuves au calendrier…

250 CLASSEMENT DU GP DU BRÉSIL

Tour le plus rapide : O. Jacque (Fra, Yamaha), 1'54"394 (155,242 km/h).

1	**Daijiro Katoh**	Jap	Honda		42'14"822 (154,13 km/h)
2	Tohru Ukawa	Jap	Honda	à	0, 064
3	Marco Melandri	Ita	Aprilia	à	0, 190
4	Shinya Nakano	Jap	Yamaha	à	13, 788
5	Anthony West	R-U	Honda	à	19, 087
6	Ralf Waldmann	All	Aprilia	à	19, 236
7	Franco Battaini	Ita	Aprilia	à	24, 786
8	Sebastian Porto	Arg	Aprilia	à	31, 874
9	Jason Vincent	R-U	Aprilia	à	41, 546
10	Luca Boscoscuro	Ita	Aprilia	à	45, 904

Jacque à terre, Katoh terminera devant Ukawa et Melandri; il reprend espoir pour le Championnat du monde.

125
le suspense jusqu'au bout ?

Il faut croire, décidément, que le suspense dans la catégorie 125 est bien parti pour nous tenir en haleine jusqu'à la fin de la saison. En arrivant à Jacarepagua, c'est une avance de 24 points que Roberto Locatelli compte sur Youichi Ui. De quoi, à l'évidence, lui permettre d'envisager l'avenir avec sérénité. Et ce d'autant plus que son grand rival japonais se pose manifestement des questions. Histoire de faire bonne mesure, il commence par signer la pole position et joue dès lors le rôle envié, quoique parfois ingrat, de favori logique. Et même si le Japonais de chez Derbi file en tête dès les premières secondes de la course, Roberto se colle derrière pour limiter les dégâts : c'est lui qui mène aux points, c'est donc lui qui occupe la position la plus favorable dans ce cas de figure. Simone Sanna est alors troisième, devant Nieto, Azuma et De Puniet. Après trois tours de course, Mirko Giansanti revient comme un boulet sur les hommes de tête. Il passe même Locatelli et se rapproche de la Derbi, lorsque le coup de théâtre se produit dans le huitième tour : pour la première fois cette année, l'Aprilia officielle n°4 est contrainte à l'abandon pour un problème mécanique. Du même coup, tout est remis en question.

Youichi Ui est en tête devant Giansanti, Azuma et Sanna. Comme souvent en 125, un Italien, un Japonais, un Italien, etc. Aux deux tiers de la course, qui compte vingt et un tours, Giansanti passe le pilote Derbi, et Simone Sanna se montre de plus en plus entreprenant. En fait, en se battant pour la deuxième place, Sanna et Azuma vont ainsi revenir sur Ui, qu'ils passent en fin de course, sans que le Japonais ne tente l'impossible pour rester dans leurs roues. Il sait que Locatelli est « out » et l'essentiel, pour lui, c'est de marquer des points. Dans le dernier tour, la bagarre est toujours aussi âpre entre Azuma, Sanna et Giansanti. Pour vouloir en faire trop, ce dernier chutera dans le dernier virage et laissera son compatriote Sanna triompher sur le fil devant Azuma et Ui un peu plus loin. Mais c'est quand même le Japonais qui fait la bonne affaire, puisqu'il n'est plus, au soir de ce Grand Prix de la ville de Rio de Janeiro, qu'à huit petits points de Roberto Locatelli. Tout peut encore arriver en 125…

Côté français, nos deux pilotes ont connu à Rio des fortunes pour le moins diverses. Randy De Puniet, onzième temps aux essais devant Arnaud Vincent, effectuait un excellent début de course dans la roue de Nieto et d'Azuma et réussissait à rester dans le bon groupe pour prendre finalement la neuvième place. Arnaud Vincent, en revanche, connaissait un nouveau week-end à oublier au plus vite, puisqu'il devait casser l'Aprilia à quatre tours de la fin de la course, alors qu'il occupait la treizième position. Le chiffre, manifestement, ne lui a pas porté chance…

Sanna remporte haut la main le GP 125 du Brésil.

125 CLASSEMENT DU GP DU BRÉSIL

Tour le plus rapide : M. Giansanti (Ita, Honda), 1'59"368 (148,773 km/h).

1	**Simone Sanna**	Ita	Aprilia	42'14"265 (147,156 km/h)
2	Masao Azuma	Jap	Honda	à 0, 034
3	Youichi Ui	Jap	Derbi	à 5, 680
4	Gianluigi Scalvini	Ita	Aprilia	à 14, 597
5	Lucio Cecchinello	Ita	Honda	à 14, 890
6	Noburu Ueda	Jap	Honda	à 15, 056
7	Gino Borsoi	Ita	Aprilia	à 16, 677
8	Emilio Alzamora	Esp	Honda	à 17, 033
9	Randy De Puniet	Fra	Aprilia	à 17, 566
10	Pablo Nieto	Esp	Derbi	à 18, 043

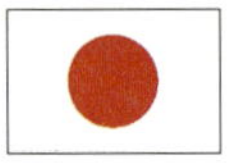

GP du PACIFIQUE

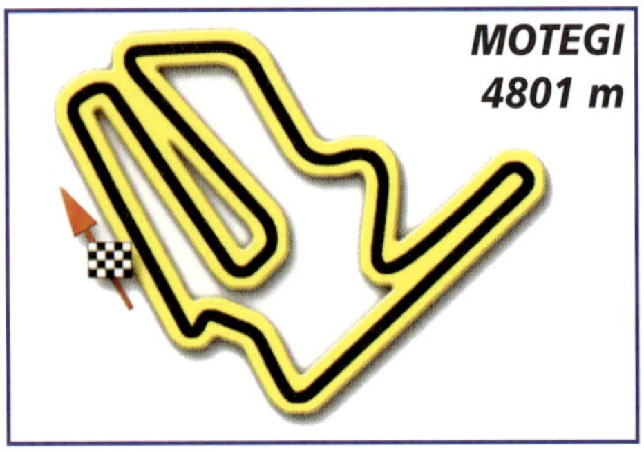

Retour au Japon en fin de saison pour ce Grand Prix du Pacifique, nouveau venu dans le calendrier international. Belle victoire de Locatelli, qui empoche du même coup, après la chute de Youichi Ui, le titre mondial en 125, et véritable démonstration de Kenny Roberts dans la catégorie reine. En 250, en revanche, la victoire de Daijiro Katoh devant Shinya Nakano, Marco Melandri et Olivier Jacque remet pratiquement tout en question pour l'attribution du titre mondial. Toute la saison 2000 va donc se jouer sur une seule course à l'occasion du dernier Grand Prix, en Australie.

500 **CLASSEMENT DU GP DU PACIFIQUE**

Tour le plus rapide :
V. Rossi (Ital, Honda), 1'50"591 (156,283 km/h).

1	**Kenny Roberts**	É-U	Suzuki		46'23"327 (155,2 km/h)
2	Valentino Rossi	Ita	Honda	à	6, 175
3	Max Biaggi	Ita	Yamaha	à	6, 360
4	Carlos Checa	Esp	Yamaha	à	19, 627
5	Norick Abe	Jap	Yamaha	à	21, 994
6	Alex Crivillé	Esp	Honda	à	22, 237
7	Alex Barros	Bré	Honda	à	23, 963
8	Loris Capirossi	Ita	Honda	à	26, 051
9	Nobuatsu Aoki	Jap	Suzuki	à	26, 388
10	Tadayuki Okada	Jap	Honda	à	32, 508

500
Kenny Roberts avec le panache

Sacré champion du monde la semaine précédente à Rio, Kenny Roberts avait été sensible aux quelques railleries que lui avait valu sa course « d'épicier » à Jacarepagua. Le Californien n'a pas caché l'importance que revêtait pour lui ce titre mondial, auquel il tenait plus que tout. Aujourd'hui, débarrassé des soucis comptables qui étaient les siens il y a encore huit jours, c'est un Roberts détendu qui arrive au Japon. « Maintenant que le titre est assuré, dit le nouveau champion du monde, je n'ai plus de pression et j'ai juste envie de faire ce qui est le plus naturel pour moi : me faire plaisir sur ma moto… » Dès les essais, on constate effectivement que le pilote américain va vite. Il signe la deuxième place sur la grille derrière Max Biaggi à moins de deux dixièmes de seconde, mais avec une différence notable. Car si Biaggi a signé la pole position avec des pneus de qualification, c'est avec les pneus de course que Kenny a fait son temps aux essais. Et dès le feu vert, on comprend que Roberts peut à la fois s'amuser sur sa moto et aller vite. Il prend la tête immédiatement et se met à creuser l'écart avec une régularité de métronome avant de calmer le jeu en fin de course pour franchir la ligne d'arrivée avec près de 7 secondes d'avance sur ses suivants immédiats.

Les suivants en question, après un début de course en fanfare pour les Honda officielles du team Repsol, seront vite les deux Italiens les plus brillants au Japon : Max Biaggi et Valentino Rossi. On sait, parce qu'ils ne s'en cachent pas, que les deux hommes ne s'aiment pas. Et la bagarre qui s'annonce entre eux deux promet pour le moins d'être

chaude. Si c'est le « jeune » qui mène le plus souvent, Max Biaggi trouve l'ouverture au dix-neuvième tour pour passer son adversaire, qui ne désarme pas. Les deux motos sont carénage contre carénage, et les freinages deviennent de plus en plus limite. Rossi reprendra la tête dans le dernier tour et fera mieux que résister à l'ultime attaque de Biaggi. Le Romain, en effet, tentera dans l'avant-dernière courbe un freinage d'anthologie qui lui permet effectivement de doubler Valentino. Mais ce court dépassement se fait au détriment de la bonne trajectoire et oblige Max Biaggi à élargir légèrement. Suffisamment en tout cas pour que Valentino Rossi garde l'intérieur et reprenne le commandement à quelques mètres de la ligne d'arrivée. Les deux Italiens, sur les résultats officiels, ne seront séparés que par 185 millièmes de seconde. Cette brillante deuxième place est doublement intéressante pour Valentino, puisque, non content de battre à la régulière son grand rival italien, il assure ainsi sa position de vice-champion du monde de la catégorie pour sa première saison en 500.

Effacé au Brésil, Kenny Roberts a fait à Motegi un véritable festival et oublié tous ses adversaires.

250

Honda et Katoh intouchables

Après un milieu de saison relativement difficile, il semble bien que Daijiro Katoh soit revenu aujourd'hui à son niveau réel. Vainqueur au Portugal puis au Brésil la semaine précédente, il était annoncé comme le grand favori de ce Grand Prix du Pacifique sur le tracé du Twin Ring de Motegi. Il faut dire que ce circuit, tout comme Suzuka, est une terre Honda et que Daijiro y a effectué d'innombrables tours pour mettre au point et faire évoluer la Honda officielle. Ajoutez à cela la motivation exceptionnelle qui anime chez eux les pilotes japonais et vous comprendrez que les places étaient chères en 250 sur le circuit de Motegi.

Dès les premières séances, il est clair que Katoh est bien le favori que tout le monde redoute. Il accumule les tours dans des temps effarants qui laissent songeurs ses adversaires, pourtant tout aussi motivés. Shinya Nakano se bat comme un beau diable vendredi et samedi pour abaisser ses chronos et se rapprocher de la Honda. Olivier Jacque, mal remis du voyage depuis le Brésil et fatigué par le décalage horaire, n'occupe le vendredi que la neuvième place. Le samedi, heureusement, il parvient à améliorer ses temps pour prendre le départ de la meilleure place sur la deuxième ligne. Mais trois pilotes seulement ont réussi à descendre au-dessous de 1'53" : Daijiro Katoh, Marco Melandri, qui confirme sa forme actuelle et celle de sa moto, et Shinya Nakano.

L'épreuve, disons-le tout de suite, va vite tourner au duel farouche entre les deux Japonais les plus accrocheurs et les plus motivés pour ce Grand Prix du Pacifique : Katoh, qui va prendre immédiatement le commandement, et Shinya Nakano, qui va faire toute la course littéralement collé à la roue arrière de la Honda. Pendant les vingt-trois tours du Grand Prix, le pilote Tech 3 tentera tout pour attaquer la Honda : rien n'y fera. Daijiro Katoh confirme avec éclat sa position de favori et reste intraitable en première position. Le pauvre Shinya aura beau signer dans le dernier tour le record de la course et du circuit – 1'52"253, c'est-à-dire plus rapide que le pole position de Katoh –, il descendra de moto effondré de n'avoir pu triompher dans son pays. Derrière, à près de 20 secondes du vainqueur, Marco Melandri vient semer un peu la pagaille, puisqu'il s'intercale entre les deux Japonais et Olivier Jacque, quatrième après être venu à bout de Tohru Ukawa. Du même coup, alors qu'il ne reste plus qu'une seule course, dans quinze jours en Australie, rien n'est joué pour le titre mondial : Tohru Ukawa peut encore, mathématiquement, enlever le titre, à condition qu'il gagne à Phillip Island, ce qui est très possible, mais que les trois hommes qui le précèdent ne marquent pas, ce qui l'est beaucoup moins. Daijiro Katoh n'est plus qu'à 11 points de l'actuel leader au classement provisoire, Olivier Jacque, qui n'a plus que deux petits points d'avance sur Shinya Nakano. Autant dire que cette saison 2000, en ce qui concerne le titre, va se jouer sur une seule course, en Australie ! Quelques nuits d'insomnie en perspective pour l'écurie Tech 3…

Shinya Nakano ne pourra rien faire pour doubler son grand rival, le pilote Honda Daijiro Katoh, mais il ne compte plus que 2 points de retard sur Olivier Jacque.

125

Roberto Locatelli champion du monde

Locatelli avait signé sans la moindre discussion possible la pole position devant Lucio Cecchinello et Youichi Ui. Le pilote japonais, manifestement, subit durement la double pression du titre mondial et de cette course dans son propre pays. Par deux fois au cours de ces essais, le pilote Derbi chutera lourdement, au grand dam de son équipe, qui commence à se poser des questions sur la suite des événements. Roberto, une fois encore, va prendre le meilleur départ et accumuler très vite quelques précieuses dizaines de mètres d'avance. Au troisième tour, il compte déjà près de 5 secondes d'avance sur ses suivants immédiats. C'est évidemment Ui qui emmène le groupe de chasse avec Cecchinello, Azuma et bientôt Alzamora. Le champion sortant va même porter quelques belles attaques, notamment contre Ui, avec lequel il peut encore se battre pour la deuxième place du championnat. Au quatorzième tour, le pauvre Japonais ne tient pas le coup sous la pression des trois hommes entraînés par Emilio Alzamora et, pour la troisième fois de ce week-end maudit, se retrouve à genoux dans le bac à sable. Il ne lui reste plus qu'à frapper le sol de ses poings en signe d'impuissance.

Roberto Locatelli, du même coup, se retrouve virtuellement champion du monde. Lorsque son stand lui panneaute joyeusement *« Ui out »*, le jeune Italien ne ralentit pas pour autant. Il a derrière lui Alzamora, à 15 secondes, et Simone Sanna, fort bien revenu, qui a doublé Cecchinello peu après la mi-course. Au stand du team Diesel Vasco Rossi, c'est un peu l'angoisse : Roberto ne va-t-il pas, comme cela lui arrive parfois, se laisser entraîner par sa fougue et commettre la petite erreur qui aurait aujourd'hui des conséquences dramatiques ? Mais non ! Si Locatelli continue à la même cadence, c'est tout simplement parce que c'est la sienne. Et c'est bien à ce rythme qu'il passe la ligne d'arrivée avec plus de 13 secondes d'avance sur Alzamora, qui perd ici définitivement son titre mondial, et son camarade d'écurie, Simone Sanna, vainqueur la semaine précédente au Brésil. Cette victoire indiscutable lui apporte le titre mondial 2000 de la catégorie 125, le quinzième pour l'écurie Aprilia. Sa saison prouve à l'évidence qu'il le méritait bien. Côté Français, grosse déception pour Randy De Puniet, jamais dans le coup, qui devait abandonner au bout de quelques tours, tandis qu'Arnaud Vincent, après avoir un moment occupé la cinquième place derrière le groupe de tête, était contraint de rétrograder en neuvième position, devant les deux fils d'Angel Nieto.

Roberto Locatelli enlève le titre mondial à Motegi. Au vu de sa saison, le jeune Italien mérite parfaitement cette récompense.

250 CLASSEMENT DU GP DU PACIFIQUE

Tour le plus rapide : S. Nakano (Jap, Yamaha), 1'52"253 (153,970 km/h).

1	**Daijiro Katoh**	Jap	Honda		43'26"394 (152,2 km/h)
2	Shinya Nakano	Jap	Yamaha	à	0, 707
3	Marco Melandri	Ita	Aprilia	à	19, 677
4	Olivier Jacque	Fra	Yamaha	à	24, 260
5	Tohru Ukawa	Jap	Honda	à	28, 673
6	Anthony West	Aus	Honda	à	49, 317
7	Ralf Waldmann	All	Aprilia	à	50, 661
8	Hiroshi Aoyama	Jap	Honda	à	1'06" 700
9	Jason Vincent	R-U	Aprilia	à	1'08" 330
10	Osamu Miyazaki	Jap	Yamaha	à	1'08" 510

125 CLASSEMENT DU GP DU PACIFIQUE

Tour le plus rapide : R. Locatelli (Ita, Aprilia), 1'58"816 (145,465 km/h).

1	**Roberto Locatelli**	Ita	Aprilia		41'55"152 (144,3 km/h)
2	Emilio Alzamora	Esp	Honda	à	13, 790
3	Simone Sanna	Ita	Aprilia	à	16, 429
4	Lucio Cecchinello	Ita	Honda	à	17, 692
5	Masao Azuma	Jap	Honda	à	21, 734
6	Ivan Goi	Ita	Honda	à	28, 060
7	Alex De Angelis	Ita	Honda	à	28, 277
8	Noburu Ueda	Jap	Honda	à	28, 322
9	Arnaud Vincent	Fra	Aprilia	à	29, 155
10	Pablo Nieto	Esp	Derbi	à	29, 521

GP d'AUSTRALIE

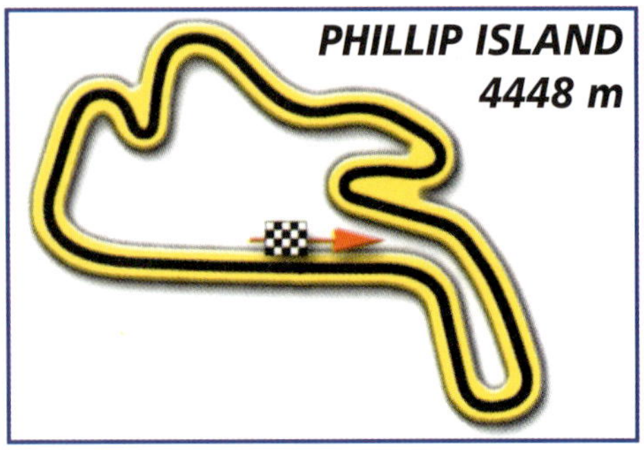

La catégorie 250 a vécu cette année une fin de saison fantastique puisque ce n'est qu'à la dernière seconde de la dernière course que le futur champion du monde 2000 arrachait sur le fil l'un des titres mondiaux les plus disputés de l'histoire des Grands Prix. Avec une avance infime sur son coéquipier Nakano, et à l'issue d'une course tout en tactique et en maîtrise de soi, Olivier Jacque triomphe dans cet ultime affrontement et devient, seize ans après Christian Sarron, le troisième champion du monde français dans cette catégorie.

250 au bout du suspense

Après son « erreur » de Jacarepagua et la victoire de Katoh devant Nakano à Motegi, Olivier Jacque ne compte plus que 2 points d'avance sur Nakano : il est donc impératif, pour l'un comme pour l'autre, de remporter cette course du bout du monde. Les deux Yamaha signent d'ailleurs les deux meilleurs temps aux essais et s'élancent très vite devant le plateau de la catégorie. Daijiro Katoh tentera un instant de s'intercaler avant de laisser partir les deux pilotes Tech 3, qui vont faire toute la course roue dans roue. Shinya Nakano, en tête, maintient une cadence infernale et ferme toutes les portes que pourrait éventuellement utiliser Olivier. Le Français va demeurer dans la roue arrière du pilote japonais sans jamais vraiment essayer de le passer. Et dans la dernière courbe du dernier tour, à quelques centaines de mètres de la ligne d'arrivée, Olivier Jacque porte l'attaque que personne n'attendait plus. « Il m'a fallu des nerfs d'acier, confiera-t-il après la course. J'ai attendu derrière Shinya parce que je ne voulais pas tenter le diable. Je savais que mon seul espoir de le passer était dans la ligne droite, mais encore fallait-il attaquer au bon moment. Quand j'ai déboîté, je me suis dit : si cela ne passe pas, adieu le Championnat ! En fait, j'ai joué le titre sur cette décision. En franchissant la ligne d'arrivée, j'ai vu que son pneu avant était en retrait du mien. J'étais champion du monde ! » Cette tactique hardie, élaborée le matin même avec son mécanicien, le fidèle Guy Coulon, a surpris tout le monde, à commencer par le pauvre Shinya Nakano qui, sur les 112,25 km de la course, a dû mener pendant 112,20 ! Cette victoire sur le fil – quatorze millièmes de seconde seulement séparent les deux hommes sur les classements officiels – est avant tout celle de la réflexion, du culot et du sang-froid dont Olivier a fait preuve durant toute la course. Elle lui offre, en tout cas, la consécration légitime d'un talent manifeste que la malchance tenace avait un instant occulté.

Nakano restera en tête jusqu'à quelques mètres de la ligne d'arrivée, mais il ne pourra rien faire contre l'attaque de son coéquipier.

250 CLASSEMENT DU GP D'AUSTRALIE

Tour le plus rapide : Olivier Jacque (Fra, Yamaha) 1'33"784 (170.741 km/h)

1	**Olivier Jacque**	Fra	Yamaha	à	39'19"795 (169,6 km/h)
2	Shinya Nakano	Jap	Yamaha	à	0, 014
3	Daijiro Katoh	Jap	Honda	à	14, 525
4	Ralf Waldmann	Ger	Aprilia	à	14, 556
5	Marco Melandri	Ita	Aprilia	à	30, 945
6	Tohru Ukawa	Jap	Honda	à	49, 942
7	Anthony West	Aus	Honda	à	59, 116
8	Jason Vincent	Gbr	Aprilia	à	59, 170
9	Alfonso Nieto	Esp	Yamaha	à	59, 563
10	Roberto Rolfo	Ita	Honda	à	59, 588

Portrait d'un champion du monde

Dès 1990, à dix-sept ans, Olivier Jacque dispute ses premières courses de cyclomoteur. Quatrième du Championnat de Lorraine en 1991, il se lance ensuite dans le Championnat de France 125 Open. Malgré un budget limité et un matériel dépassé, Olivier se fait remarquer par quelques superbes coups d'éclat. Marc Fontan décide alors de l'incorporer aux côtés de Régis Laconi dans l'Équipe de France de Vitesse Moto.

En 1993, il se classe cinquième du Championnat de France et vingtième du Championnat d'Europe. L'année suivante, Olivier signe cinq victoires ainsi que sept pole positions et termine la saison avec une place de vice-champion d'Europe 250 et la quatrième place du Championnat de France.

Malgré ces résultats encourageants, Olivier Jacque a beaucoup de mal à trouver une place en Grands Prix pour la saison 1995. C'est finalement le team Tech 3 qui lui confie une 250 Honda RS modèle 1994. Aux côtés de Jean-Philippe Ruggia, Olivier réalise un parcours époustouflant. Révélation de l'année, il se classe dans les points lors de neuf des treize Grands Prix de la saison 1995. Il décroche la dixième place du classement général et reçoit le titre de « rookie of the year » ainsi que l'IRTA Cup, décernée au meilleur pilote privé.

Ses excellents résultats lui valent une 250 Honda NSR officielle en 1996. Sous les couleurs du team Chesterfield Tech 3, il monte sur son premier podium en Allemagne et fait de même en Grande-Bretagne, en République tchèque, à Imola et en Catalogne. Il remporte son premier Grand Prix sur le circuit de Rio avant de terminer son deuxième Championnat du monde en troisième position, derrière Max Biaggi et Ralf Waldmann.

Tous les espoirs lui sont donc permis pour la saison 1997, mais une série d'incidents l'écartent de la course au titre : fracture de la clavicule au Japon, problème de pneu en Espagne, casse moteur au Grand Prix de France et chute aux Pays-Bas.

En 1998, le passage en 500 de Max Biaggi et de Ralf Waldmann aurait dû lui faciliter la tâche. Mais la chance n'est pas vraiment de son côté. Pour fêter son cinquantenaire, Honda décide d'aligner une nouvelle machine dotée d'innovations technologiques (moteur porteur, double vilebrequin et radiateurs latéraux) qui ne devait jamais être compétitive. Dès le début de saison, la 250 Honda NSR est régulièrement battue par les trois Aprilia officielles de Capirossi, Harada et Rossi. Refusant alors de perdre le contact avec ses rivaux, Olivier Jacque tente de compenser son handicap mécanique par le pilotage. Et c'est ainsi qu'il se fracture le pied droit lors des essais du Grand Prix d'Italie. Revenu à la compétition malgré une blessure mal consolidée, le Français est ensuite victime à deux reprises, à Jarama puis à Assen, de la maladresse de ses adversaires. Il connaît néanmoins une excellente fin de saison. Meilleur pilote Honda, il monte sur le podium en Australie et en Argentine comme il l'avait fait en début de saison en Malaisie et en Espagne. Au final, Olivier Jacque termine son quatrième Championnat du monde 250 en cinquième position.

1999 aurait dû marquer un changement radical pour Olivier puisque le team Chesterfield Tech 3 devient l'écurie officielle Yamaha en 250. Pour la première fois depuis ses débuts en compétition, Olivier Jacque abandonne les Honda pour piloter une 250 YZR. Cette saison se serait probablement avérée bien meilleure si Olivier avait attaqué l'année en pleine possession de ses moyens physiques. Mais, dès les essais hivernaux, il comprend que son pied droit n'est toujours pas guéri. Malgré de grosses difficultés à trouver ses appuis, il signe le troisième temps des essais lors du premier Grand Prix en Malaisie. Il se classe quatrième en course, derrière son nouveau coéquipier Shinya Nakano. Victime d'une chute sous la pluie au Grand Prix du Japon, il entame la campagne européenne de la plus mauvaise des manières en se fracturant à nouveau le pied droit lors des essais du Grand Prix d'Espagne. Cinquième à Brno, il signe sa première pole position quinze jours plus tard à Imola et monte dans la foulée sur son premier podium. Victime d'un accrochage au départ du Grand Prix de Valence, il poursuit sur sa lancée pour terminer la saison en fanfare : deuxième en Australie, troisième en Afrique du Sud, quatrième à Rio après avoir signé une nouvelle pole position et vainqueur en Argentine. Sur les huit Grands Prix qu'il a terminés en 1999, Olivier Jacque est monté à quatre reprises sur le podium, dont une fois sur la plus haute marche.

Palmarès

1990	Première compétition en cyclomoteur
1991	Championnat de Lorraine cyclomoteurs
1992	7e du CF Open 125 (Honda RS)
1993	20e du CE 250 (Honda RS) 5e du CF 250
1994	Vice-champion d'Europe 250 (Honda RS) 4e du CF 250
1995	10e du CM 250 (Honda RS) « Rookie of the year » et vainqueur de l'IRTA Cup
1996	3e du CM 250 (team Chesterfield Elf Tech 3 - Honda NSR)
1997	4e du CM 250 (team Chesterfield Elf Tech 3 - Honda NSR)
1998	5e du CM 250 (team Chesterfield Elf Tech 3 - Honda NSR)
1999	7e du CM 250 (team Chesterfield Yamaha Tech 3 - Yamaha YZR)
2000	CM 250 (team Chesterfield Yamaha Tech 3 - Yamaha YZR)

500

Biaggi vainqueur d'une course de rêve

C'est un véritable festival que nous ont offert les pilotes de 500 pour la clôture d'une saison souvent chaudement disputée. Ils seront douze à se prendre, se reprendre et se reprendre encore une première place qui semble alors aussi essentielle que si le titre en dépendait. Notre meilleur représentant dans la catégorie, Régis Laconi, devait d'ailleurs pleinement participer à la bagarre et occuper plus d'une fois la tête de la course jusqu'à ce qu'un accrochage avec Loris Capirossi le contraigne à sortir dans l'herbe. Il parvenait, sans chuter, à reprendre la piste, mais beaucoup trop loin des leaders pour pouvoir envisager la victoire. Il terminera en onzième position. Dans les derniers tours, ils sont encore trois, tous Italiens, à se battre pour l'ultime victoire de la saison. Et c'est Max Biaggi qui saura résister aux incessantes attaques de Capirossi et Rossi pour monter sur la plus haute marche du podium devant ses deux compatriotes dans cet ordre. Il faut remonter à 1972 pour retrouver un semblable cas de figure : trois Italiens sur le podium 500. Il s'agissait de Giacomo Agostini devant Alberto Pagani, tous deux sur MV Agusta, et Bruno Spaggiari, au guidon de la Ducati officielle. Cela se passait sur le circuit d'Imola pour le Grand Prix d'Italie.

Max sauve une saison souvent décevante et s'empare sur le fil de la troisième place du Championnat.

500 CLASSEMENT DU GP D'AUSTRALIE

Tour le plus rapide : Max Biaggi (Ita, Yamaha) 1'33"320 (174.590 km/h)

1	**Max Biaggi**	Ita	Yamaha		42'29"3792 (169,6 km/h)
2	Loris Capirossi	Ita	Honda	à	0, 182
3	Valentino Rossi	Ita	Honda	à	0, 288
4	Alex Barros	Bre	Honda	à	0, 138
5	Garry McCoy	Aus	Yamaha	à	1, 459
6	Norick Abe	Jap	Yamaha	à	3, 818
7	Kenny Roberts	USA	Suzuki	à	3, 846
8	Jeremy McWilliams	Gbr	Aprilia	à	3, 878
9	Tadayuki Okada	Jap	Honda	à	4, 308
10	Nobuatsu Aoki	Jap	Suzuki	à	12, 582

125
victoire pour Masao Azuma

La dernière course de la saison, pour le Français Arnaud Vincent, devait être malheureusement l'inverse de ce qu'avait été la première. Vainqueur du premier Grand Prix de la saison sur le circuit de Welkom, en Afrique du Sud, plusieurs fois handicapé par des problèmes mécaniques, le Français comptait finir en beauté une saison en tout point décevante. Avec un temps de 1'39"143, il prenait un excellent départ depuis la deuxième ligne sur la grille ; il était en tête de la course lorsque, à cinq tours seulement de l'arrivée, son Aprilia donnait d'un seul coup des signes de faiblesse – bougie cassée – et le contraignait à l'abandon. Roberto Locatelli, auteur de la pole position, étant tombé après sept tours, ce sont trois pilotes japonais qui se disputaient âprement la victoire. Masao Azuma l'emportait d'un fil sur Youichi Ui et Noburu Ueda, tandis que l'autre Français de la catégorie, Randy De Puniet, terminait à la treizième place.

Azuma entre Cecchinello et Ui sur le circuit Phillip Island.

125 CLASSEMENT DU GP D'AUSTRALIE

Tour le plus rapide : Roberto Locatelli (Ita, Aprilia) 1'38"296 (162.903 km/h)

1	**Masao Azuma**	Jap	Honda		39'9"128 (156,779 km/)
2	Youichi Ui	Jap	Derbi	à	0, 622
3	Noburu Ueda	Jap	Honda	à	3, 466
4	Emilio Alzamora	Esp	Honda	à	4, 170
5	Manuel Poggiali	Rsm	Derbi	à	5, 697
6	Alex De Angelis	Rsm	Honda	à	15, 596
7	Steve Jenkner	Ger	Honda	à	15, 597
8	Ivan Goi	Ita	Honda	à	23, 402
9	Gino Borsoi	Ita	Aprilia	à	32, 204
10	Simone Sanna	Ita	Aprilia	à	33, 961

SUPERBIKES

Colin Edwards succède au « roi Carl »

Le Championnat du monde Superbikes, dans sa version 2000, aura d'abord été marqué par la défection, forcée bien sûr, de celui qui écrasait de sa personnalité une spécialité qu'il dominait depuis des années. Carl Fogarty, victime d'une chute terrible dès le début de l'année, a dû, la mort dans l'âme, tirer une croix sur sa saison dans un premier temps et sur sa carrière un peu plus tard. Avec l'élimination du grandissime favori, la catégorie se retrouvait un peu orpheline, certes, mais aussi plus ouverte : aucun pilote n'a réellement dominé les débats, et, aucune machine, parmi les six constructeurs engagés, ne s'est montrée nettement supérieure. Il a fallu attendre pratiquement la toute dernière épreuve pour que Colin Edwards soit consacré « successeur du roi Carl ». Ce titre, pour tout dire, est parfaitement justifié.

Il faudrait en bonne logique situer le début de cette saison quatre semaines avant que ne se déroule la première épreuve. Sur le circuit de Valence, en Espagne, le team Ducati officiel met la dernière main à ses petits bijoux dans une classique séance d'essais privés. La malchance veut que Carl Fogarty, maître incontesté de la catégorie, y fasse une mauvaise chute et s'abîme sérieusement l'épaule. Un mois plus tard, à Kyalami, et malgré des soins intensifs, « le roi Carl » n'est plus tout à fait lui-même. Colin Edwards y remporte sa première victoire dans la première manche et Fogarty finit troisième, tout près de Haga. L'ordre des deux premiers est inversé dans la seconde manche, mais Carl, qui est tombé sans réelle gravité après avoir battu le record de la course, ne figure plus au classement. Quelques jours plus tard, le 23 avril, en Australie, nouvelle chute, beaucoup plus grave cette fois, puisque Fogarty ne retrouvera jamais la plénitude de ses moyens physiques et décidera, à l'automne, de raccrocher définitivement l'un des cuirs les plus prestigieux de l'histoire de la course.

La saison, après cet illustre retrait, devenait donc sensiblement plus ouverte. Côté humain, le plateau est relativement homogène. Edwards et Slight défendent les chances de Honda et constituent les valeurs sûres que l'on connaît. Noriyuki Haga, l'homme fort de chez Yamaha, reste un pilote fantasque, certes, mais formidablement doué. Comme le constatait Colin Edwards en fin de saison, « peu importe le temps de Haga aux essais, pour la course, il est toujours là ! ». Pier Francesco Chili reste le garçon talentueux et expérimenté qu'il a toujours été, et quelques outsiders de luxe peuvent avoir, à tout moment, leur mot à dire : Troy Corser, Ben Bostrom, Bayliss, Gregorio Lavilla, Juan Borja, Anthony Gobert, Akira Yanagawa ou encore quelques « wild-cards » particulièrement agressifs, comme son compatriote Izutsu, etc.

Côté machines, on ne trouve aujourd'hui pas moins de six constructeurs en lice : Honda, avec sa VTR 1 000 SP1 qui remplace la RC 45 de l'an dernier, Ducati et sa 996, Suzuki et la GSX-R, Aprilia et la RSV 1 000, Kawasaki et la ZX 7 et enfin Yamaha et sa R7. Sans parler d'un nouveau venu sur la scène des Superbikes, Bimota, qui aligne une SB8 K confiée à un autre « fantasque » bourré de talent, Anthony Gobert. L'Australien causera d'ailleurs aux responsables italiens une divine surprise en remportant la première manche australienne pour sa deuxième sortie, avant que l'usine ne décide, faute de préparation vraiment sérieuse, de passer la main.

Peut-être faut-il, en ces moments de synthèses et de bilans, rappeler un autre élément qui ne

SUPERBIKES

CHAMPIONNAT DU MONDE
CLASSEMENT FINAL

1	**Colin Edwards**	É-U	Honda	400 points
2	Noriyuki Haga	Jap	Yamaha	335 points
3	Troy Corser	Aus	Aprilia	310 points
4	Pier Francesco Chili	Ita	Suzuki	258 points
5	Akira Yanagawa	Jap	Kawasaki	247 points
6	Troy Bayliss	Aus	Ducati	243 points
7	Ben Bostrom	É-U	Ducati	174 points
8	Aaron Slight	É-U	Honda	153 points
9	Katsuaki Fujiwara	Jap	Kawasaki	151 points
10	Gregorio Lavilla	Esp	Kawasaki	133 points
11	Juan Borja	Esp	Ducati	123 points
12	Neil Hodgson	R-U	Ducati	99 points
13	Andreas Meklau	Aut	Ducati	91 points
14	Chris Walker	R-U	Suzuki	82 points
15	A. Antonello	Ita	Aprilia	72 points

fut certainement pas sans effet sur le déroulement de la saison. À l'issue de la première épreuve de l'année, à Kyalami, la FIM publiait le communiqué suivant : « Après les contrôles antidoping effectués en Afrique du Sud le 2 avril dernier, l'échantillon A du pilote japonais Noriyuki Haga n'était pas conforme aux règles du code médical de la FIM, avec une concentration de 12 mg/ml d'éphédrine, supérieure aux 5 mg autorisés par le règlement. » Haga est donc immédiatement suspendu et, tout aussitôt, dépose un recours sous forme d'appel. La décision va se faire attendre – très longtemps – et fausser dans une certaine mesure le déroulement du championnat : Haga, en Afrique, a marqué 45 points qui ont été, en bonne logique, défalqués de son total. Colin Edwards fera incontestablement le meilleur début de saison, sans pour autant prendre un avantage décisif. Les belles performances de Haga et de sa R7, toujours aussi brillante, lui permettront même de prendre un moment la tête du classement provisoire. Celles de Troy Corser au guidon de l'Aprilia, celles de l'Australien Bayliss ou celles de quelques « wild-cards » particulièrement agressifs (on songe ici, par exemple, à Izutsu au Japon ou Hodgson en Angleterre) permettaient un regroupement passionnant en fin de saison. C'est sans doute dans l'avant-dernière épreuve, en Allemagne, que Colin Edwards s'adjugeait finalement le titre en gagnant très nettement la première puis la seconde manche sur le circuit d'Oschersleben. Vainqueur tout d'abord dans la première manche devant Lavilla, Bayliss et Yanagawa, le Californien écrasait définitivement tout le plateau en terminant tout seul en tête, loin devant Troy Bayliss. C'est donc avec une avance de 52 points qu'il pouvait attendre la décision officielle avant la dernière manche, initialement prévue à Imola et déplacée en Angleterre, à Brands Hatch.
D'appel en appel, il fallut attendre le 12 octobre pour que le tribunal arbitral du sport (TAS) ne rende son jugement définitif sur l'« affaire » Haga : le Japonais conservait les 20 points gagnés dans la première manche de l'épreuve sud-africaine de Kyalami en début de saison, mais perdait les 25 récoltés dans la seconde ! Comprenne qui pourra… Haga, en outre, écopait d'une interdiction de courir de trois semaines avec effet immédiat, c'est-à-dire qu'il ne pouvait prendre le départ de l'ultime épreuve à Brands Hatch. Colin Edwards, déjà sacré, allait terminait sa saison en beauté. Il menait avec brio dans la première manche (il tournait alors plus de deux secondes plus vite que tout le monde) avant de chuter et de repartir pour terminer en huitième position. Dans la seconde manche, malgré quelques « wild-cards » britanniques particulièrement offensifs, il prenait la première place devant Pier Francesco Chili et Troy Corser. Première saison donc, et première victoire pour Colin Edwards et la VTR Honda, qui se permettent le luxe de battre les Ducati sur leur propre terrain : avec un twin…

Colin Edwards devant Noriyuki Haga et Pier Francesco Chili. L'Américain va prendre, en bonne logique au vu de la saison, la succession de Carl Fogarty.

Carl Fogarty

C'est à la fin du mois de septembre que tombait la nouvelle tant redoutée : Carl Fogarty ne courra plus. À l'issue d'une séance d'essais à Mugello au guidon de sa 996 Ducati, le champion en titre a pris la décision d'arrêter la compétition.

« Je suis loin de la condition physique que je pensais retrouver, a-t-il déclaré. Et quand bien même je forcerais sur la rééducation, je ne pense pas être en mesure d'atteindre un niveau qui me permette d'être compétitif la saison prochaine. Je n'aurais aucune chance de gagner. J'ai eu une carrière fantastique, et je suis satisfait de ce que j'ai pu

Fogarty se retire après avoir dominé la catégorie pendant des années.

faire pour la moto. Je ne pense pas avoir quelque chose d'autre à démontrer. Le moment est venu d'avoir la force d'abandonner la course. Je savais que cela viendrait tôt ou tard. Je veux le faire aujourd'hui et laisser à tout le monde l'image d'un Fogarty victorieux, avec le numéro 1 sur sa Ducati. »

Fogarty avait commencé sur deux roues dans le motocross avant de débuter en vitesse avec une 600 Ducati puis une 250 Yamaha, avec laquelle il finit deuxième du Marlboro Clubmans Championship en 1985. Sur l'île de Man, au Tourist Trophy, il termine en tête de la catégorie Newcomers (débutants) 250 et troisième dans la catégorie Junior (250 cc).

C'est en 1986 qu'il accède réellement au niveau international. Mais une chute (jambe cassée) interrompt prématurément sa saison. L'année suivante, il se recasse la jambe au même endroit, mais revient vite sur les circuits, au guidon d'une Honda RC30 de 750 cc que Honda a construite pour le nouveau championnat Superbikes, mis en place en 1988 pour des motos de production. Il participe alors au Championnat du monde TT F1, une nouvelle catégorie créée en 1987 pour remplacer les Grands Prix du Championnat du monde sur l'île de Man.

C'est en fait le vrai début de la fantastique carrière de Fogarty : trois titres de champion du monde TT F1, un titre de champion du monde d'endurance, quatre titres de champion du monde Superbikes, cinquante-neuf victoires en Championnat du monde Superbikes. Au guidon d'une 888 Ducati, Carl termine neuvième au classement final et enlève le titre mondial d'endurance au guidon d'une Kawasaki.

Deuxième au Championnat du monde Superbikes en 1993 derrière Scott Russel, il hérite en 1994 de la nouvelle 916 V twin Ducati, avec laquelle il obtiendra son premier titre mondial.

Après un nouveau titre en 1995, il passe chez Honda pour la saison 1996 et finit en quatrième position. En 1997, Fogarty revient chez Ducati et prend la deuxième place derrière John Kocinski. L'année suivante, il emporte un nouveau titre mondial devant Aaron Slight.

En 1999, il enchaîne victoire sur victoire et domine la catégorie avec une facilité rarement vue à ce niveau. L'année 2000 commence mal : il se blesse à l'épaule pendant les essais hivernaux à Valence, et c'est dans la seconde manche en Australie qu'un accident met fin à sa saison et à sa carrière.

Fogarty, pendant des années, a suscité l'admiration du public du monde entier. Il est le champion le plus populaire et le pilote britannique le plus titré depuis Barry Sheene.

600 SUPERSPORT

Stéphane Chambon vaincu par la malchance

Sacré champion du monde 600 Supersport l'an dernier avec une nette avance sur ses adversaires, Stéphane Chambon effectuait cette année sa dernière saison dans la catégorie. Mais avant de passer en Superbikes en 2001, « Stef » entendait bien sortir en beauté et arriver dans la catégorie supérieure tout auréolé encore d'un titre mondial reconduit. Le sort, malheureusement pour lui, devait en décider autrement.

Tout commence pourtant bien pour le champion du monde en titre, qui termine troisième en Australie et au Japon, avant de remporter brillamment la manche anglaise du championnat. Neuvième en Italie et une fois encore troisième en Allemagne, Stéphane connaît son premier revers de fortune à Misano, où il se fait stupidement bousculer par la Yamaha de Christophe Cogan. Le bilan est lourd pour Stéphane : clavicule cassée, il sera contraint de jouer les spectateurs en Italie et dans l'épreuve suivante et perd ainsi de précieux points face à ses adversaires habituels : le Britannique James Witham, l'Australien Karl Muggeridge, l'Italien Paolo Casoli et surtout les deux Allemands de Yamaha Allemagne, qui vont se montrer cette saison particulièrement agressifs : Jörg Teuchert et Christian Kellner. Brillants à Misano, les deux Allemands réussissent le doublé à Valence et prennent alors une avance de 36 points sur le pauvre Chambon. Mais les deux pilotes de Yamaha Allemagne ne sont pas, et c'est le moins que l'on puisse dire, les meilleurs amis du monde. À Valence, déjà, Jörg Teuchert a failli faire tomber Kellner en essayant de le passer dans le dernier virage. Et c'est dans la manche allemande, que va gagner Stéphane Chambon après avoir fini deuxième en Hollande, que se produit le coup de théâtre qui va tout relancer : Teuchert et Kellner, qui briguent tous deux la victoire, s'accrochent dans les dernières minutes de la course et se retrouvent l'un et l'autre dans le bac à sable.

Une excellente fin de saison permet à Stéphane Chambon de se retrouver en tête du classement provisoire à la veille de la toute dernière épreuve. Pour des raisons matérielles, cette dernière course de l'année ne se déroule pas en Italie, comme initiale-

Stéphane Chambon aurait très bien pu conserver son titre avant de passer en Superbikes. La mécanique en a décidé autrement...

ment prévu sur le calendrier, mais à Brands Hatch, qui est certainement l'un des circuits favoris de Stéphane. N'y a-t-il pas, en début de saison, battu à la régulière tout le gratin de la catégorie ? Tout semble donc se présenter dans les meilleures conditions pour le Français. C'est avec 11 points d'avance que Stéphane va prendre le départ de cette course qui va tout décider. Francis Batta, team manager de l'écurie Alstare de Stéphane, est très conscient que rien n'est joué : « La marge de Stéphane, dit-il la veille de la course, est très réduite. Si Casoli gagne, il faut qu'il termine au moins troisième. Mais il n'est pas certain que Casoli puisse gagner, car tous les pilotes veulent sauver leur saison. Les deux Allemands (Teuchert et Kellner) ont envie d'une revanche ; Xaus n'est pas assuré de sa place l'an prochain et Witham va vouloir faire fort devant son public. C'est un peu Stéphane contre tous. » Casoli va effectivement mener pendant plus de dix tours. Mais pour Chambon, le pire se produit après quelques minutes. « Tout allait bien, raconte-t-il, et puis au troisième tour j'ai vu que la température avait monté. J'ai donc retiré une bande de Scotch qui masquait une partie du radiateur, et la température a baissé. Mais d'un seul coup, j'ai senti la moto qui faiblissait et qui se mettait à forcer. J'ai entendu un bruit, et le tour d'après, elle m'a lâché... » Stéphane constatera plus tard avec amertume qu'il court depuis quatre ans dans l'écurie Alstare et que c'est la toute première fois qu'il est ainsi contraint à l'abandon pour une panne mécanique.

En tête de la course, Paolo Casoli baisse les bras. Il doit laisser passer l'Australien Muggeridge et, surtout, les deux pilotes allemands. Kellner, qui avait fait tomber son camarade d'écurie à Oschersleben, a manifestement reçu cette fois des ordres très stricts. Il s'efface ostensiblement et laisse passer Jörg Teuchert, qui va finir la course en deuxième position derrière Muggeridge. Pour trois petits points seulement, Teuchert est sacré champion du monde Supersport à la dernière seconde ! Et comble de malchance pour Stéphane Chambon, Paolo Casoli termine en cinquième position et se retrouve donc à égalité de points avec le Français. Et si les deux hommes ont à leur actif le même nombre de victoires, l'Italien compte une place de deuxième en plus, et c'est lui qui hérite du titre honorifique de vice-champion du monde !

Philosophe, Stéphane Chambon entend bien se rattraper l'an prochain. « Après Assen, confiait-il le soir de la course à l'hebdomadaire *Moto Journal*, j'y croyais, après Oschersleben encore plus... C'est une grosse déception, mais il faut tourner la page. Un deuxième titre, ça aurait été vraiment bien. La haine que je ressens là, je la reporte sur la saison prochaine pour le Superbikes... »

Casoli arrache sur le fil la seconde place au Mondial. Qu'importe : seule la victoire est jolie...

600 SUPERSPORT

CHAMPIONNAT DU MONDE
CLASSEMENT FINAL

1	Jörg Teuchert	All	Yamaha	136	points
2	Paolo Casoli	Ita	Ducati	133	points
3	Stéphane Chambon	Fra	Suzuki	133	points
4	Christian Kellner	All	Yamaha	122	points
5	Karl Muggeridge	Aus	Honda	113	points
6	James Witham	R-U	Yamaha	104	points
7	Ruben Xaus	Esp	Ducati	77	points
8	Ian Mac Pherson	R-U	Kawasaki	74	points
9	Fabrizio Pirovano	Ita	Suzuki	61	points
10	Andrew Pitt	Aus	Kawasaki	60	points
11	Massimo Meregalli	Ita	Yamaha	58	points
12	Piergiorgio Bontempi	Ita	Ducati	51	points
13	Pere Riba Cabana	Esp	Honda	44	points
14	Christophe Cogan	Fra	Yamaha	42	points
15	Werner Daemen	Bel	Yamaha	38	points

ENDURANCE

Championnat du monde d'endurance

Ce sont donc Peter Linden et Warwick Nowland qui sont déclarés champions du monde d'endurance version 2000. Ce titre, comme c'est désormais le cas dans cette spécialité qui semble avoir sérieusement besoin d'une refonte totale, n'a pas grande signification et récompense beaucoup plus l'assiduité de l'équipage tout au long de la saison que sa réelle valeur. Les nouveaux tenants du titre sont en effet les seuls qui aient pris le départ des cinq épreuves inscrites au calendrier.

Vingt-Quatre Heures du Mans

Ce sont traditionnellement les Vingt-Quatre Heures du Mans qui ouvrent la saison d'endurance européenne. La version 2000 devrait entrer dans les statistiques puisque, pour la première fois dans l'histoire de l'endurance sur vingt-quatre heures, c'est une moto animée par un moteur deux cylindres qui empoche la victoire. Honda, avec sa SP-1, fait une entrée en fanfare dans le monde de la course en triomphant pour sa première apparition, aux mains de William Costes et des deux Sébastien, Gimbert et Charpentier.
D'entrée de jeu, la Honda officielle montre ses qualités en signant le deuxième temps derrière la Kawasaki officielle, qui fait ici figure de grande favorite : un équipage homogène, dans toutes les conditions, un moteur moins violent et donc plus utilisable que les quatre-cylindres dans des conditions climatiques déplorables et des Michelin qui s'avéreront

Première victoire au Mans pour Honda avec William Costes, Sébastien Gimbert et Sébastien Charpentier.

Recrue de choix pour le team officiel Suzuki avec Jean-Michel Bayle (à droite) qui aura vraiment touché à tout avec le même talent.

vite, à l'usage, plus efficaces que les Dunlop sous la pluie. « Sur le mouillé, constatera plus tard Bertrand Sebileau, les Honda "nous collaient" plus de 10 secondes au tour. Les Dunlop n'arrivaient pas à monter en température avec le froid que nous avions... »

Le départ est comme d'habitude donné à 15 heures, sur une piste encore mouillée qui va fausser la première heure de course. Après une domination de la 900 CBR de série d'Adrien Morillas, les motos d'usine, Suzuki en tête, prennent la direction des opérations

Entrée en fanfare de la Honda SP-1 dans le monde de l'endurance. C'est la première fois qu'un twin remporte une course de vingt-quatre heures.

quand d'autres sont victimes des premières chutes.

La pluie, vers 21 heures, va tout bouleverser, avec les chutes, notamment celle de la Kawasaki de Sebileau, et les problèmes de pneumatiques rencontrés par la Suzuki, qui mène alors la course. La nuit va se révéler particulièrement

difficile : il pleut à certains endroits, et la température tombera parfois en dessous de 0 °C. C'est Jean-Michel Bayle, transfuge des Grands Prix, qui va commettre la première erreur au guidon de la Suzuki officielle, qui est en tête depuis près de neuf heures. Il chute lourdement, parvient quand même à ramener la moto aux stands, mais un bras fracturé l'oblige à laisser ses deux coéquipiers continuer tout seuls.

À 3 heures du matin, c'est une Yamaha privée qui est en tête avec deux tours d'avance sur la Honda SP-1 officielle qui va cependant commencer à remonter avec régularité. Au lever du jour, les deux machines sont au coude à coude, et les positions ne changent qu'en fonction des ravitaillements. La Honda, au fil des tours, va se montrer la plus convaincante et prendra un léger avantage, qu'elle conservera jusqu'au bout. La Suzuki, qui avait longtemps dominé les débats et qui après sa chute n'a plus que Christian Lavieille et Arnaud van den Bossche comme pilotes, fera en fin de course un formidable forcing qui lui permet d'arracher la deuxième marche du podium à la Yamaha privée de Morrisson, Cazade et Paillot. Première sortie et première victoire pour cette VTR Honda SP-1. L'usine japonaise, de toute évidence, n'a pas raté cet exercice de style qui consiste à concevoir et construire une moto de course sans commettre la moindre erreur. La grande perdante, en revanche, puisque l'on trouve sur le podium une Honda devant une Suzuki et une Yamaha, est bien entendu l'usine Kawasaki, pourtant auteur de la pole position et du record du tour, qui ne prend que la quatrième place pour l'ouverture de la saison.

Huit Heures de Suzuka

Comme on pouvait raisonnablement le prévoir, les pilotes japonais ont tout simplement trusté les places d'honneur pour ces Huit Heures de Suzuka version 2000. On attendait un duel entre Honda et Yamaha, dont le premier pilote, Noriyuki Haga, avait

La Suzuki officielle emmène la meute précédée de la Honda SP-1. La saison sera malgré tout décevante pour le SERT.

signé la pole position en 2'07"836, mais dont le coéquipier Yoshikawa devait chuter en début de course. Un autre challenger, la Kawasaki de l'excellent pilote japonais Izutsu, associé à Yanagawa, devait en fait être la seule machine capable de rivaliser avec la Honda qui allait remporter l'épreuve aux mains des deux officiels de la marque en Grands Prix 250, Daijiro Katoh et Tohru Ukawa. Au bout de six heures trente de course, la Kawasaki était éliminée par une chute d'Izutsu. La seconde Honda officielle ayant été retardée par les chutes de ses deux pilotes, Valentino Rossi et le champion du monde des Superbikes, Colin Edwards, personne ne pouvait plus inquiéter le tandem Katoh-Ukawa.

À noter, au Japon, la treizième place des futurs champions du monde de la spécialité, le Suédois Linden et l'Australien Warwick Nowland. La manche japonaise du championnat d'endurance devait malheureusement être endeuillée par la mort, au début de la course, du Japonais Mamoru Yamakawa, qui participait pour la douzième fois aux Huit Heures de Suzuka.

Bol d'or

La grande classique française émigrait cette année sur le tracé de Magny-Cours après la virtuelle neutralisation du circuit du Castellet en ce qui concerne les courses de deux-roues, depuis le rachat du circuit par Bernie Ecclestone. La transition semble s'être effectuée sans vrai problème, même si certains spectateurs, et on les comprend, ont avoué regretter le soleil et l'environnement du circuit méridional. C'est la Honda SP-1 officielle qui signe le meilleur temps aux essais – ce qui, en endurance, a surtout une valeur symbolique – devant la Yamaha de Yamaha Motor France, aux mains de Willis, Delétang et Foret. Plus intéressants sont les enseignements au niveau des pneus : il semble à ce niveau précis que les Michelin soient une fois encore légèrement supérieurs à leurs concurrents britanniques.

Au départ de la plus célèbre des courses d'endurance, c'est Fabien Foret, sur la Yamaha R7, qui va imprimer en tête le rythme de la course. Peu après 18 heures, toutefois, il est en vingtième position après une chute sans gravité à cause d'une pédale de frein arrière défaillante. L'écurie française va passer le reste de la course à remonter progressivement vers la tête. Au petit matin, la Yamaha est en deuxième position derrière la Kawasaki officielle et se trouve donc la mieux placée pour profiter de la chute de Bertrand Sebileau. La fin de l'épreuve, pour l'équipage de Yamaha Motor France, consistera à résister au retour de la Kawasaki qui a longtemps mené la course et de la Honda officielle de Costes, Charpentier et Muggeridge. Les dernières heures seront passionnantes, puisque les deux motos de tête ne seront parfois séparées, au gré des ravitaillements, que de quelques secondes.

Triomphe au Bol d'or donc pour cette Yamaha R7, qui fait ainsi la preuve de sa rapidité, que personne ne mettait d'ailleurs en question, et surtout de sa fiabilité. La Honda officielle, qui avait formidablement commencé la saison avec une victoire aux Vingt-Quatre Heures du Mans, a connu cette fois de petits problèmes techniques : rupture de la broche de roue arrière puis, un peu plus tard, une légère cassure du réservoir d'essence. Cela entraînera évidemment une panne d'essence qui retirera à l'équipage tout espoir de se battre pour la victoire finale. La Kawasaki officielle, constamment aux avant-postes, devait s'offrir une formidable cabriole à cause d'une trace d'huile sur la piste. Son pilote Bertrand Sebileau parviendra à la ramener au stand et à repartir neuf tours plus tard pour amorcer une remontée assez fantastique qui lui permettra de reprendre un moment la tête avant une nouvelle chute. La Kawasaki termine quand même, malgré ces nombreux avatars, à une minute et demie de la moto de tête. La Suzuki, enfin, a fait un début de course étonnant, notamment aux mains de Jean-Michel Bayle, avant la chute de Philippe Dobé, qui devait abandonner en raison de ses blessures (côtes et clavicule cassées). Après deux victoires consécutives au Bol d'or, la Suzuki officielle numéro 0 n'a donc pas réussi cette passe de trois qui aurait constitué un authentique exploit.

CHAMPIONNAT DU MONDE D'ENDURANCE

CLASSEMENT FINAL

1 P. Linden et W. Nowland	Suzuki	137 points
3 S. Mertens	Suzuki	130 points
4 C. Guyot, N. Dussauge, S. Scarnato	Kawasaki	112 points
7 F. Foret, J.-M. Delétang, M. Willis	Yamaha	100 points
10 W. Costes, S. Charpentier	Honda	82 points
12 H. Graf, M. Kellenberger	Kawasaki	81 points
14 C. Lavieille, A. van den Bossche	Suzuki	5 points
16 A. Heiler	Kawasaki	63 points

24 HEURES DU MANS

CLASSEMENT FINAL

1 W. Costes, S. Gimbert, S. Charpentier	Honda	719 tours
2 J-M. Bayle, C. Lavieille, A. van den Bossche	Suzuki	716 tours
3 B. Morisson, B. Cazade, T. Paillot	Yamaha	713 tours
4 C. Guyot, M. Dussauge, S. Scarnato	Kawasaki	708 tours
5 B. Garcia, M. Garcia, J. Guinand	Honda	696 tours
6 S. Gabrieli, E. Mizera, D. Morillon	Yamaha	693 tours
7 R. Carrara, S. Waldemeier, B. Cuzin	Yamaha	691 tours
8 H. Graf, M. Kallenberg, A. Heiler	Kawasaki	684 tours
9 F. Chenais, S. Fredix, S. Gallis	Honda	679 tours
10 R. di Foggia, T. Capela, S. Neff	Kawasaki	678 tours

8 HEURES DE SUZUKA

CLASSEMENT FINAL

1 D. Katoh, T. Ukawa	Honda	215 tours en 8 h 31"775	
2 A. Ryo, K. Kitigawa	Suzuki	à	1 tour
3 T. Serizawa, P. Goddard	Kawasaki	à	3 tours
4 Y. Takeda, S. Nakatomi	Honda	à	5 tours
5 O. Nishijima, R. Tsuruta	Kawasaki	à	5 tours
6 S. Giles, O. Deguchi	Suzuki	à	6 tours
7 N. Numata, Y. Nukumi	Yamaha	à	7 tours
8 S. Itoh, M. Lamada	Honda	à	9 tours
9 K. Nashimoto, R. Kiyonari	Honda	à	9 tours
10 M. Tokinaga, Y. Goriku	Yamaha	à	11 tours

BOL D'OR

CLASSEMENT FINAL

1 Foret/Delétang/Willis	Yamaha 801 tours en 24 h 01'40" (141,6 km/h)		
2 Sebileau/Jerman/Holon	Kawasaki	à	1'37"
3 Costes/Charpentier/Muggeridge	Honda	à	7 tours
4 Protat/Mescat/Mizera	Yamaha	à	13 tours
5 Coutelle/Haquin/Hulmann	Kawasaki	à	20 tours
6 Mertens/Linden/Nowland	Suzuki	à	24 tours
7 Giabbani/Roche/Moreira	Kawasaki	à	30 tours
8 Graf/Kellenberger/Galinski	Kawasaki	à	31 tours
9 Bonhuil/Gomez/Traooan	Honda	à	34 tours
10 Bertin/Morillas/Nicotte	Honda	à	37 tours

TRIAL

Doug Lampkin continue à écraser le trial mondial

Sacré une quatrième fois champion du monde de trial, Doug Lampkin a fait cette année encore étalage de son formidable talent et n'a laissé tout simplement aucune chance à ses adversaires.

C'est dès la fin du mois de juin, pour la manche française du Championnat du monde de trial, que Doug Lampkin pouvait raisonnablement lever les bras en signe de victoire : pour la quatrième fois consécutive, et avant même que le Championnat ne se termine – il restait alors deux épreuves à courir –, le pilote britannique empochait le titre mondial de la spécialité. La scène se passe à Valdeblore, et Doug Lampkin vient de triompher pour la quatorzième fois (sur seize épreuves !) à l'issue d'un parcours unanimement qualifié par les pilotes de « plus difficile du monde ». Ces quatre titres consécutifs constituent d'ailleurs un record absolu dans la discipline. Doug Lampkin, qui est passé cette saison chez Montesa, entend bien, et il ne s'en cache pas, battre le record dans la spécialité, que détient aujourd'hui l'Espagnol Jordi Tarrès, qui a été sacré sept fois champion du monde. L'exploit semble parfaitement à la portée de Lampkin, qui ne semble pas avoir aujourd'hui d'adversaires à sa hauteur. À la fin de la saison, et bien qu'il ait quelque peu relâché sa cadence, Lampkin compte la bagatelle de 85 points d'avance sur son suivant immédiat, le Japonais Takhisa Fujinami, sur Honda. Bruno Camozzi, notre meilleur pilote en trial, termine à la treizième place du classement final du Championnat du monde.

Doug Lampkin a encore une fois dominé la saison avec une aisance qui frôle l'insolence. Il vise désormais le record absolu de Jordi Tarrès.

TRIAL

CLASSEMENT FINAL

1	Doug Lampkin	R-U	Montesa	379 points
2	Takhisa Fujinami	Jap	Honda	294 points
3	Marc Colomer	Esp	Montesa	282 points
4	Marc Freixa	Esp	Gas Gas	229 points
5	Kenichi Kuroyama	Jap	Beta	189 points
6	Steve Colley	R-U	Gas Gas	178 points
7	Albert Cabestany	Esp	Beta	164 points
8	Marcel Justribo	Esp	Montesa	160 points
9	Adam Raga	Esp	Gas Gas	154 points
10	David Cobos	Esp	Sherco	141 points

MOTOCROSS

Frédéric Bolley : un dangereux récidiviste !

Champion du monde 1999, Frédéric Bolley attaquait cette saison 2000 avec le numéro 1 qui le désignait officiellement à l'agressivité de tout le plateau de la plus spectaculaire des catégories dans le cross. À l'issue d'un long duel avec Mickael Pichon, il a réussi l'exploit de reconduire un titre enlevé de haute lutte l'année dernière.

La saison commence pourtant moyennement pour le champion du monde à l'occasion du Grand Prix d'Espagne, où triomphe un jeune inconnu, l'Irlandais Gordon Crockard, qui remporte la première manche devant les deux pilotes français. Frédéric Bolley, mal panneauté pendant cette manche, ne peut matérialiser la supériorité affichée pendant les essais. La seconde manche est encore plus désastreuse pour le Français, qui va connaître des problèmes avec son échappement et ne pourra rallier l'arrivée. C'est Mickael Pichon, l'autre Français de la catégorie, qui remporte les deux manches suivantes au Portugal. Frédéric se classe troisième dans la première manche et treizième dans la seconde. Triomphe français en Hollande, avec une victoire de Bolley dans la première manche et de Pichon dans la seconde. En Italie, fin avril, Pichon se montre intraitable, puisqu'il finit par deux fois devant son grand rival. Il est clair, en ce printemps 2000, que le titre mondial va se jouer entre les deux pilotes français. Nouveau doublé en Tchécoslovaquie pour les deux hommes, qui se partagent équitablement les première et deuxième places. En Belgique, Bolley devra s'incliner dans la première manche derrière la vedette locale, Pit Beirer, mais remporte brillamment la seconde, tandis que Mickael Pichon monte par deux fois sur la troisième manche du podium. Les deux Français vont encore se partager le Grand Prix de France en terminant une fois premier et une fois deuxième. Le grand week-end pour nos crossmen, c'est en République tchèque qu'il va avoir lieu, puisque, dans les deux manches, le podium tchèque sera 100 % tricolore : Bolley, Pichon, Demaria dans la première manche ; Pichon, Bolley, Demaria dans la seconde.

Mais en Slovaquie, Frédéric Bolley peut raisonnablement se poser des questions : une casse moteur dans la première manche et une place de quatrième seulement dans la seconde, remportée par l'Italien Federici, permettent à Mickael Pichon de compter sur Bolley une avance de 37 points au classement provisoire du Championnat du monde. À partir du mois de juillet, Frédéric Bolley va reprendre les choses en mains et aligner cinq victoires, une place de deuxième et trois places de troisième qui lui permettent de reprendre l'avantage sur son grand rival Mickael Pichon.

À Grobbendonk, en Belgique, c'est Pichon qui enlève la première manche avant de chuter dans la seconde. Bolley, septième et quatrième, reprend 1 point à son adversaire. À Namur, avec la double victoire d'Yves Demaria, Bolley revient encore un peu sur Mickael Pichon, blessé, qui ne marque aucun point. Et c'est à Folkendange, au Luxembourg, avec une victoire et une deuxième place, que Frédéric Bolley reprend la direction des opérations. Il compte alors 370 points et son adversaire 352. Au classement final, Frédéric conservera son titre mondial avec 54 points d'avance sur Pichon. Les deux hommes ont largement dominé la catégorie en ne laissant à leurs adversaires que ce qu'il faut bien appeler les seconds rôles. C'est l'Allemand Pit Beirer qui prend la troisième place de ce

Frédéric Bolley n'a eu cette année qu'un seul véritable adversaire : Mickael Pichon. Le cross français, en 250, se porte bien.

Double page suivante : Bolley a réussi cet authentique exploit qui consiste à reconduire un titre mondial l'année suivante.

Championnat du monde devant le Néo-Zélandais Joshua Coppins, l'Italien Claudio Federici, l'Irlandais Crockard et Yves Demaria, le troisième pilote français de premier plan dans cette catégorie. Cette nouvelle consécration, pour Frédéric Bolley, constitue un exploit authentique dans la mesure où, comme chacun le sait, il est toujours plus difficile, en ce qui concerne les titres mondiaux, de les conserver que de les conquérir.

250

CLASSEMENT FINAL

1	Frédéric Bolley	Fra	Honda	421 points
2	Mickael Pichon	Fra	Suzuki	367 points
3	Pit Beirer	All	Kawasaki	340 points
4	Joshua Coppins	N-Z	Suzuki	334 points
5	Claudio Federici	Ita	Yamaha	301 points
6	Gordon Crockard	Irl	Honda	297 points
7	Yves Demaria	Fra	Yamaha	260 points
8	Paul Cooper	R-U	Husqvarna	249 points
9	Mickael Maschio	Fra	Kawasaki	188 points
10	Danny Theybers	Bel	KTM	151 points
11	Peter Iven	Bel	Kawasaki	131 points
12	Alessandro Belometti	Ita	Kawasaki	87 points
13	Marko Kovalainen	Fin	Honda	84 points
14	Alessandro Zanni	Ita	Yamaha	82 points
15	Jussi-Pekka-Vehvilainen	Fin	Honda	79 points
16	Collin Dugmore	RSA	KTM	74 points
17	Ryan Hugues	É-U	Honda	73 points
18	Michal Kadlecek	Tch	Suzuki	50 points
19	Remy Van Rees	P-B	Kawasaki	45 points
20	Serge Guidetty	Fra	Honda	41 points

EL
PAMO
PAMO
1
DUNLOP

Grands Prix 2000

500 CLASSEMENT GÉNÉRAL

	NOM	PRÉNOM	NAT.	MOTO	AFRIQUE DU SUD	MALAISIE	JAPON	ESPAGNE	FRANCE	ITALIE	CATALOGNE	HOLLANDE	ANGLETERRE	ALLEMAGNE	RÉP. TCHÈQUE	PORTUGAL	VALENCE	BRÉSIL	PACIFIQUE	AUSTRALIE	TOTAL
1	Roberts	Kenny	É-U	Suzuki	10	25	20	25	10	10	25	0	20	16	13	20	20	10	25	9	258
2	Rossi	Valentino	ITA	Honda	0	0	5	16	16	4	16	10	25	20	20	16	0	25	20	16	209
3	Biaggi	Max	ITA	Yamaha	0	13	0	0	0	7	11	13	7	13	25	13	16	11	16	25	170
4	Barros	Alex	BRE	Honda	13	8	9	11	11	0	0	25	2	25	0	6	11	20	9	13	163
5	McCoy	Garry	AUS	Yamaha	25	16	7	0	13	0	0	1	0	16	16	25	25	16	0	11	161
6	Checa	Carlos	ESP	Yamaha	20	20	11	20	9	20	0	11	5	16	5	4	9	1	13	0	155
7	Capirossi	Loris	ITA	Honda	16	0	4	10	8	25	10	16	13	16	11	3	0	0	8	20	154
8	V.D.Goorbergh	Jürgen	P-B	Muz	6	5	3	7	3	5	9	7	7	16	4	8	6	6	1	4	151
9	Abe	Norick	JAP	Yamaha	9	0	25	0	20	11	20	6	10	16	0	7	0	13	11	10	147
10	Criville	Alex	ESP	Honda	11	0	10	13	25	0	0	20	9	16	9	10	0	5	10	0	122
11	Aoki	Nobuatsu	JAP	Honda	8	11	13	9	5	13	13	3	0	16	8	0	13	4	7	6	116
12	Okada	Tadayuki	JAP	Honda	0	10	16	6	2	8	1	5	6	16	6	9	7	7	6	7	107
13	Laconi	Régis	FRA	Yamaha	7	7	2	8	7	9	3	8	4	16	3	11	10	8	5	5	106
14	McWilliams	Jeremy	R-U	Aprilia	0	6	8	0	4	16	4	0	16	16	7	5	0	0	2	8	76
15	Gibernau	Sete	ESP	Honda	0	9	0	0	1	6	0	9	8	16	10	0	8	9	4	0	72

250 CLASSEMENT GÉNÉRAL

	NOM	PRÉNOM	NAT.	MOTO	AFRIQUE DU SUD	MALAISIE	JAPON	ESPAGNE	FRANCE	ITALIE	CATALOGNE	HOLLANDE	ANGLETERRE	ALLEMAGNE	RÉP. TCHÈQUE	PORTUGAL	VALENCE	BRÉSIL	PACIFIQUE	AUSTRALIE	TOTAL
1	Jacque	Olivier	FRA	Yamaha	13	20	13	13	16	20	25	20	20	25	16	20	20	0	13	25	279
2	Nakano	Shinya	JAP	Yamaha	25	25	16	1	20	25	16	16	9	16	25	0	25	13	20	20	272
3	Katoh	Daijiro	JAP	Honda	20	16	25	20	10	16	13	8	6	13	10	25	11	25	25	16	259
4	Ukawa	Tohru	JAP	Honda	16	0	20	16	25	10	20	25	13	20	20	0	13	20	11	10	239
5	Melandri	Marco	ITA	Aprilia	3	11	11	10	13	13	0	0	0	0	13	16	16	16	16	11	159
6	West	Anthony	AUS	Honda	11	10	9	11	11	9	6	13	0	6	6	13	9	11	10	9	145
7	Waldmann	Ralf	ALL	Aprilia	9	13	0	25	8	0	8	0	25	8	11	0	3	10	9	13	143
8	Battaini	Franco	ITA	Aprilia	10	3	8	6	5	11	9	0	0	9	9	4	10	9	0	0	95
9	Matsudo	Naoki	JAP	Yamaha	6	5	10	0	9	8	2	11	16	2	5	0	1	4	0	4	89
10	Porto	Sebastian	ARG	Yamaha	8	8	4	7	6	0	7	9	5	7	8	0	8	8	0	5	83
11	Vincent	Jason	R-U	Honda	7	4	0	4	0	0	0	0	11	0	0	0	7	7	7	8	55
12	Boscocuro	Luca	ITA	Aprilia	0	9	5	5	7	0	1	0	0	1	2	2	4	6	2	1	44
13	Nöhles	Klaus	ALL	Aprilia	2	0	2	8	2	0	11	0	0	11	7	11	0	0	0	0	44
14	Nieto	Alfonso	ESP	Yamaha	0	0	0	0	0	7	4	0	0	4	0	10	0	5	1	7	34
15	Debon	Alex	ESP	Aprilia	4	7	0	2	1	0	0	0	10	0	0	0	5	0	3	0	32

125 CLASSEMENT GÉNÉRAL

	NOM	PRÉNOM	NAT.	MOTO	AFRIQUE DU SUD	MALAISIE	JAPON	ESPAGNE	FRANCE	ITALIE	CATALOGNE	HOLLANDE	ANGLETERRE	ALLEMAGNE	RÉP. TCHÈQUE	PORTUGAL	VALENCE	BRÉSIL	PACIFIQUE	AUSTRALIE	TOTAL
1	Locatelli	Roberto	ITA	Aprilia	13	25	0	16	13	25	0	10	13	20	25	20	25	0	25	0	230
2	Ui	Youichi	JAP	Derbi	0	20	25	0	25	0	0	25	25	25	20	0	16	16	0	20	217
3	Alzamora	Emilio	ESP	Honda	16	13	11	25	16	9	0	0	20	0	16	25	11	8	20	13	203
4	Azuma	Masao	JAP	Honda	7	8	16	13	0	16	20	7	11	0	0	0	20	20	11	25	174
5	Ueda	Noburu	JAP	Honda	11	11	20	11	0	10	0	20	16	3	11	0	5	10	8	16	152
6	Sanna	Simone	ITA	Honda	4	2	0	0	6	0	25	11	0	16	0	11	10	25	16	7	133
7	Vincent	Arnaud	FRA	Aprilia	25	0	8	8	11	8	13	3	3	13	10	16	6	0	7	0	131
8	Giansanti	Mirko	ITA	Aprilia	20	16	0	20	20	20	0	0	10	11	9	0	3	0	0	0	129
9	Borsoi	Gino	ITA	Aprilia	6	10	13	4	7	11	16	5	0	0	8	8	7	9	1	8	113
10	Goi	Ivan	ITA	Honda	8	6	10	9	10	3	5	8	0	10	6	10	0	4	10	9	108
11	Cechinello	Lucio	ITA	Honda	5	0	0	10	9	0	0	13	9	0	13	13	8	11	13	0	104
12	Jenkner	Steve	ALL	Aprilia	10	7	3	6	0	13	0	9	0	6	0	5	0	3	2	10	74
13	Nieto	Pablo	ESP	Derbi	1	5	5	0	0	5	10	0	1	9	0	4	13	6	6	2	67
14	Nieto Jr	Angel	ESP	Derbi	3	4	0	5	0	0	7	6	7	7	0	7	0	0	5	6	57
15	Scalvini	Gianluigi	ITA	Aprilia	9	9	0	0	0	6	0	0	0	5	8	0	0	13	0	0	55

CRÉDITS PHOTOGRAPHIQUES

Toutes les photographies sont d'Yves Jamotte.

L'Année de la moto 2000

Philippe Michel

Maquette : Andréa Le Naour, avec Jeanne Pothier
Coordination : Zarko Telebak

ISBN 2-7021-3139-5

Dépôt légal : novembre 2000
N° éditeur : 13051/01
Imprimé en Espagne

19
250
2000
WORLD CHAMPION